Más Allá de la Maldición
Mujeres llamadas al ministerio

Aída Besançon Spencer

Epílogo por
William David Spencer

WIPF & STOCK · Eugene, Oregon

MÁS ALLÁ DE LA MALDICIÓN
Mujeres llamadas al ministerio

Reimpreso de la edición original en 1985 originalmente publicada por Thomas Nelson, Inc., Publishers

Copyright © 2011 Aída Besançon Spencer. Todos los derechos reservados. Permiso por escrito debe ser obtenido de la casa publicadora para utilizar o reproducir cualquier parte de este libro, a excepción de citaciones breves en artículos académicos o revisiones críticas. Escriba a: Permissions, Wipf and Stock Publishers, 199 W. 8th Ave., Suite 3, Eugene, OR 97401.

Wipf & Stock
Una imprinte de Wipf and Stock Publishers
199 W. 8th Ave., Suite 3
Eugene, OR 97401

www.wipfandstock.com

ISBN 13: 978-1-61097-827-9

Todas las citaciones bíblicas son producto de la propia traducción de la autora o de las versiones *Reina-Valera Versión* (1960, 1995) o *Dios Habla Hoy*.

Impreso en los Estados Unidos de América

Rev. Dra. Aída Besançon Spencer, profesora y especialista en estudios y exégesis del Nuevo Testamento, analiza y presenta el respaldo bíblico para las mujeres en el ministerio. Este libro es único en su clase por su contenido y fidelidad a los textos bíblicos y por considerar seria y responsablemente el contexto cultural e histórico. Spencer plasma en esta obra sus estudios e investigaciones en forma clara con un fundamento bíblico sólido, superando a cualquiera de los pocos libros que yo conozca se han publicado sobre este tema. Las ediciones en inglés (continuas desde 1985) y en francés han llevado a quienes lo han leído a reconocer su gran valor. Hace tiempo que necesitábamos este libro en español, por su invaluable aporte a la discusión sobre la igualdad en el ministerio.

—Rev. Dra. Awilda González-Tejera
Facultad Adjunta de Nuevo Testamento
Seminario Teológico Fuller

La obra, *Más allá de la maldición,* es verdaderamente un tesoro y don de Dios a la iglesia Latina. En vista del "machismo" que se manifiesta en la sociedad, y lamentablemente hasta en la misma iglesia, esta obra será una brisa fresca del Espíritu de Dios. Spencer provee una sólida y fiel exegesis de la Palabra de Dios y una exposición bíblica y teológica que responde a las inquietudes en nuestras iglesias sobre el papel de la mujer en el ministerio. ¡Este libro merece ser leído, meditado, y sobre todo, vivido!

—Rev. Dr. Eldin Villafañe
Professor de etica social cristiana,
Seminario Teológico Gordon-Conwell
Boston, Massachusetts, Estados Unidos

Es un placer especial recomendar la edición en español de *Más allá de la maldición* de la Dra. Aída Besançon Spencer. Este es un libro muy conocido y bellamente presentado. Esta obra se necesita, especialmente en este tiempo, en la vida de la iglesia. Yo lo recomiendo con entusiasmo a todos los lectores.

—Rev. Dr. Walter C. Kaiser, Jr.
Presidente Emeritus
Seminario Teológico Gordon-Conwell

Más Allá de la Maldición

A MIS PADRES, Aida Guzmán de Besançon y Frederick Heinrich Besançon, quienes siempre esperaron lo mejor de mí, llegar a ser una embajadora o una doctora. Finalmente me convertí en una embajadora de Dios y una doctora del espíritu.

Contenido

Prólogo / xix

Introducción / 1

1 Iguales en Edén: Fundamentos para el ministerio y el matrimonio / 5

2 El velo rasgado: Las enseñanzas y prácticas de Jesús concernientes a las mujeres / 29

3 La oración alterada: Las enseñanzas y prácticas de Pablo concernientes a las mujeres en el ministerio / 48

4 Primeros apóstoles, segundo profetas, tercero maestros: Ejemplos de mujeres en autoridad en el Nuevo Testamento / 76

5 La visión completa: Imágenes femeninas de Dios para el ministerio / 98

6 Conclusión / 108

Igualando Edén: Un epílogo práctico del hombre / 114

Bibliografía / 153
Índice de Escritura / 159
Índice de sujetos / 165

Prólogo

LAS MUJERES SON MALDECIDAS si hacen y si no hacen. Si estudiamos el rol de la mujer en nuestra disciplina, ya sea en la Biblia, la historia, la sicología, o sociología, somos inmediatamente clasificadas como limitadas: "¡ella solo sabe sobre estudios de mujeres!" Sin embargo, si no estudiamos el papel de la mujer en nuestra disciplina, entonces estamos evitando el tema y estamos defraudando a nuestras hermanas. Entonces, publique mi primer libro sobre un supuesto tema neutral, el estilo literario de Pablo. Por supuesto, ahora he de caer dentro la siempre lista trampa. Sin embargo, debo compartir mis descubrimientos en cuanto al papel de la mujer en el ministerio. Como Jeremías, tengo un fuego que quema dentro de mí que me impulsa a hablar. Estoy profundamente entristecida por las limitaciones puestas sobre las mujeres. ¿Por qué es que las mujeres son mal dirigidas a pensar que Dios (o por lo menos las Sagradas Escrituras) no desean que ellas sean públicamente reconocidas (y remuneradas) por el liderazgo que les he dado en la iglesia?

Algunas veces las personas encuentran desagradable e incomodo y, por medio de eso, poco académico el que otras personas defiendan una tesis con celo e interés personal. Sin embargo, ¿Será que aquel que es personalmente afectado por el estudio necesariamente no-objetivo e inexacto? O ¿Puede esa persona tener intuiciones inusuales? Ambas por supuesto son posibles. No obstante, justicia y vindicación no son aliados de la pasión y el estudio. Yo deseo ser una erudita cuidadosa y asertiva que agrega al debate en curso una nueva y útil perspectiva. Algunas veces los asuntos no son vistos porque nadie nunca ha sugerido que sean buscados. Por ejemplo, estoy avergonzada de decir que no fue hasta que estaba en mis treinta que me di cuenta que algunas "ardillas" vivían en árboles mientras otras hacían agujeros en la tierra. Cuando reporte este extraño fenómeno a mi esposo el cariñosamente me explico que yo había descubierto otro tipo de ardillas. (Mi argumento de defensa es que ningún tipo de ardilla vive en los trópicos donde yo viví mis primeros años.) Al día siguiente mientras caminaba mire alrededor para ver si esta en lo correcto, y por supuesto, vi por primera vez que estas "ardillas" se miraban diferentes a las otras. Yo nunca había notado este otro tipo de ardillas hasta que fui indicada a buscarlas. De manera similar, yo, junto a otros, quisiera invitar a mis lectores a buscar por esas ardillas, que, incidentalmente, han estado cavando agujeros todo el tiempo.

Si pudiera tan solo realizar mis estudios académicos como todos los "chicos" la vida sería más fácil. Sin embargo, uno no puede tener nuevas personas sin nuevas visiones. Yo siempre insistí en el uso de fuentes originales. He tratado de estudiar cuidadosamente el Nuevo Testamento y las fuentes antiguas judías para ver lo que estas tienen que decir. He citado solo las referencias secundarias que he utilizado. Lo que no he realizado es una acumulación de "documentación" de los académicos, mostrando donde los antiguos eruditos han estado de acuerdo y en desacuerdo con mis propios puntos de vista. He tratado de discutir ideas que se oponen a las mías, pero no he citado otros escritores regularmente y por nombre para reconocerles o castigarles públicamente. Las personas hablaran de los demás por escrito en formas que nunca se atreverían a comunicar cara a cara. Eruditos genuinos no necesitan exhibir su conocimiento de nombres. De lo contrario, nos convertiríamos como los exorcistas que intentaron remover los espíritus inmundos: "En el nombre de Jesús, a quien Pablo anuncia" (Hch 19:13). El lector sabio respondería: "A Jesús conozco, y a Pablo; pero ¿Quién eres tú?" El erudito real es como un cocinero gourmet que cierne la harina. Eruditos auténticos no son como estos empleados de almacén, simplemente tirando una bolsa de harina en el piso de la cocina. Eso no significa que no aprecio la ayuda en mi cocina. La mejor comida es la como la mejor batalla librada – un esfuerzo en comunidad. He apreciado mis compañeros de trabajo.

Desde que nos conocimos escalando una montaña cerca del río Hudson, he apreciado los años de discusiones con mí esposo, William David Spencer. El ha tomado a pecho el mandato de Pablo a los esposos de ayudar a sus esposas a ser maduras ministrando a los cristianos. Solo un hombre seguro de si mismo puede regocijarse en su esposa como lo ha hecho él. Su educación formal, experiencia ministerial, y gran mente integradora le han equipado bien para escribir el epílogo. Borradores originales de partes de este libro fueron publicados en el *Free Indeed, Journal of the Evangelical Theological Society, Daughters of Sarah,* y *Evangelical Women's Caucus Update.* Yo comencé mi estudio sobre mujeres en 1970 cuando entre al Seminario Teológico de Princeton. Si mis profesores y compañeros no hubieran hablado constantemente sobre Hombre, hombre, y hombres, yo nunca hubiera comenzado a preguntarme sobre mi lugar en el ministerio. Pamela McDonald ha sido una encantadora y cuidadosa persona y una muy preparada mecanógrafa. Estoy agradecida del Seminario Teológico Gordon-Conwell por contratarle como secretaria de facultad. Douglas Stuart, director de nuestra división Bíblica, me ha dado muy buenos consejos acerca del proceso de publicación. Lori V. Johnson, quien ha sido mi Byington Académica por dos años, ha pasado mucho de su propio tiempo revisando la bibliografía. Julie Aldrich, mi primera Byington, organizó el primer borrador de la bibliografía. Rhonda Hoehn indexó las referencias de las Escrituras. R. K. Harrison, editor consultor junto a Thomas Nelson, quien ha ido más allá de su capacidad para crear un lugar para mí en el gremio académico. Su grandeza se muestra no solo por su educación sino también por su humildad. También estoy agradecida por la libertad y dirección que Thomas Nelson me ha dado. La mayoría de las traducciones bíblicas son mis propias traducciones o han sido extraídas de la versión *Reina-Valera* y, a veces, *Dios habla hoy,* la *Nueva Versión Internacional* y *La Biblia de las Américas.* El personal en la biblioteca Goddard ha sido también de mucha ayuda en ayudarme a obtener referencias o libros a través de los prestamos bibliotecarios. Nada pudiese haber sido publicado sin la ayuda de nuestras bibliotecas. Y también, quiero agradecer a mis padres. ¿Quién pensaría que un dólar por cada "A" sería tan efectivo? ¡No es que haya aprendido por el dólar! En tal caso, sería como aquel historiador injusto quien como escribe Lucian: "espera tener una cufta púrpura, una cadena de oro, y un caballo Nisaean" (*How to Write History* [39]). No, yo disfruto el aprender y he apreciado su apreciación por me. Y quiero extender su apreciación por mí hacia otras mujeres y hombres.

En esta edición en español he tenido un grupo de gente que me han ayudado traducir *Beyond the Curse; Women Called to Ministry*, preparándolo con prioridad en sus vidas activas: Jonatan Toledo, Emanuel Salcedo, Joana R. Franco Sanchez, Josefina Sánchez-Franco, Lucrecia Rodríguez, Olga Ramos, y Avilda González-Tejera. Vincent J. Randazzese y Jenna Voorhees ayudaron en copiar y en escribir a máquina las correcciones. La Oficina de Ministerio Hispano (por parte de Alvin Padilla) de

Gordon-Conwell Theological Seminary también me ha ayudado y me ha dado la oportunidad de enseñar en Santo Domingo, Quisqueya, la isla de mi nacimiento. También quiero dar las gracias a mi esposo, William David Spencer, quien me ayudó en muchas maneras para que yo podía terminar este libro, y a mi iglesia, la Iglesia de los Peregrinos, que oraron a Dios por mi y este proyecto. Sin todos ellos, mis hermanos y hermanas en Cristo, nunca hubiese podido imprimir *Más allá de la maldición: Mujeres llamadas al ministerio*.

Y nadie que toma el vino añejo quiere después el nuevo, porque dice: "El añejo es más sabroso."

—Jesús (Lc 5:39).

Introducción

Uno de los deleites de vivir en el área metropolitana de Nueva York o de Louisville es poder asistir a dramatizaciones de Shakespeare en el parque al aire libre con nuestros amigos, los mosquitos. En la obra *The Winter's Tale*, el rey Leontes le pregunta a sus duques si su esposa, la reina Hermione, es "honesta" (segundo acto, primera escena). ¡Qué cuestión más rara a preguntar en medio de tanta inquietud! ¿Será que Hermione le ha robado dinero a su esposo? Si la audiencia limita su entendimiento del término "honesto" a su uso contemporáneo y no le hace caso al contexto del drama, la escena, y hasta el drama mismo se mantendría para siempre en un misterio o serian entendidos erróneamente. Pues claro, la *honradez* de Hermione no es a lo que se refiere, lo que se cuestiona es su *fidelidad*. ¿Seria del mal uso o una equivocación el tratar de entender la palabra "honesto" de los tiempos de Shakespeare tal y como se define hoy día, en vez de cómo fue definida en los tiempos Isabelinos? ¡Seguro que sí!

La Biblia puede ser muy fácil o muy difícil de entender. La buena noticia es en el fondo muy simple y muy profunda: Dios se hizo humano con el propósito de que los humanos pudieran acercarse a Dios nuevamente purificados, perfectos y perdonados delante del Juez justo. Sin embargo, el mismo proceso que ayuda la contemplación de verdades bíblicas -la división de los libros a versos, la memorización y la recitación de esos versos- puede hacer, y también hace, posible la corrupción de la verdad. Algunos pasajes bíblicos han sido citados tan frecuentemente, que el que los escucha pierde de vista el contexto original de ese pasaje. Un concepto nuevo ha remplazado la realidad original. Entonces ese nuevo concepto se viene a entender como parte de una cultura nueva y él que escucha ahora está dos pasos más lejos de la realidad.

Nuestra meta como amantes de Dios y de la revelación divina es de tratar de descubrir de nuevo esa realidad original más allá de nuestra cultura y de nuestros entendimientos comunes. El Autor que inspiró la Biblia sigue siendo provechoso hoy día por su Espíritu. Y la verdad es mejor cuando aplica con amor.

No obstante, cuando uno empieza a mirar las enseñanzas de la Biblia sobre los papeles respectivos de las mujeres y de los hombres, uno está particularmente en un dilema. Si concluimos que la Biblia presenta un entendimiento "liberal" de los papeles de las mujeres y de los hombres, entonces aquellos que desafían tal posición nos acusan de que nuestra perspectiva solamente es el resultado del impacto del feminismo en la sociedad. Sin embargo, si concluimos que la Biblia presenta un entendimiento "jerárquico" en cuanto a los papeles de los hombres y de las mujeres, puede que los feministas quizás argumenten que nuestra perspectiva solamente es el resultado de una disposición heredada que es básicamente conservadora en nuestra sociedad contemporánea, o es decir la "reacción conservadora" que es mencionada con tanta frecuencia. Lo que realmente se discute aquí es que la noción bíblica sobre el parentesco entre los hombres y las mujeres radica en su esencia un tópico muy personal. O somos una mujer cristiana que tiene que hacer lo que la Biblia dice o somos un hombre cristiano que tiene que relacionarse con mujeres en alguna capacidad. Esta verdad no se fue evidente hasta una ocasión en la que hable sobre el tema de si "¿Deben o no las mujeres ser pastoras según I Timoteo 2:11-15?" en un seminario que no permite que las mujeres sigan un grado de licenciatura para pastores. Al final de mi presentación, tantos hablaron con mi esposo como conmigo, los hombres preguntándole a él, "¿Cómo se siente estar casado con una ministro?" y "¿Cómo te hace sentir tal matrimonio?"

Dios nos ha creado a todos con voluntad. La voluntad es buena. En la Biblia, el corazón simboliza la voluntad: "Sobre toda cosa guardes, guarda tu corazón, porque de el mana la vida" (Pr 4:23). Dios desea que nosotros tengamos una voluntad porque con ella podemos determinar hacer bien o mal y amar a Dios u odiar a Dios. Así que también cuando venimos a las Sagradas Escrituras, traemos esa voluntad con nosotros. Indudablemente no hay nadie que pueda profesar ser completamente objetivo en su estudio del tema del parentesco masculino/femenino que también es tan personal. Lo más que uno puede hacer es analizar y pronunciar sus sentimientos y tratar de no dejar esos sentimientos subconscientemente decidir sobre nuestras conclusiones. Las asunciones propias de la escritora al aproximarse a la Biblia son que Dios nos ama y nosotros, alternativamente, deseamos deleitar a Dios. Dios es amoroso y misericordioso y justo. Todo lo que dice la Biblia tiene que ser bueno porque la Biblia procede de Dios. Además de esto, la verdad de Dios despedazará todos los sistemas como una espada de dos filos. La Biblia es un libro revolucionario porque todos son llamados a dar cuenta.

Mi enfoque es el Nuevo Testamento porque actualmente estamos viviendo durante el periodo después de la cruz. Aunque la ley es nuestro maestro de escuela, nuestro pedagogo, ahora no tenemos la justificación por medio de la ley porque Jesús ha cumplido esa ley. Además de esto, ¡el libro tiene que ser limitado en fin de alguna manera! ¿Qué es lo que hace *Más allá de la maldición* un libro único? En este libro las Sagradas Escrituras, autoritarias y confiables, se estudian exegéticamente en profundidad para establecer exactamente el porqué las mujeres son y deben ser nombradas a ministrar como líderes. Aunque la cuestión de la ordenación de las mujeres y del mando de la iglesia se ha discutido por años, solamente recientemente es cuando la iglesia conservadora ha empezado a tomar el asunto en serio. La Biblia ofrece un sistema coherente de principios para guiar a esos individuos e iglesias que están dispuestos a escuchar. Para desarrollar ese sistema coherente de principios, el Nuevo Testamento se tiene que determinar en su contexto. Por consiguiente, el capítulo uno, fundamentos para el ministerio y el matrimonio, se trata de las enseñanzas de Dios antes y después de la caída del ser humano. Las enseñanzas y las prácticas de Jesús concernientes a las mujeres (capítulo 2) forman el contexto para las enseñanzas y las practicás del apóstol Pablo concernientes a las mujeres también (capítulo 3). En el Nuevo Testamento mismo, las enseñanzas que concernientes a las mujeres son comprobadas con muchos ejemplos de mujeres con autoridad (capítulo 4). Para probar estas conclusiones, volveremos a donde empezamos con el estudio sobre la naturaleza de Dios. Si los humanos han sido creados a la imagen de Dios, entonces Dios no se cohibirá en usar metáforas femeninas para ayudarnos a entender su naturaleza (capítulo 5). Todas mis conclusiones están resumidas en el capítulo 6. El libro termina con una bibliografía de obras citadas.

4 MÁS ALLÁ DE LA MALDICIÓN

Los primeros capítulos de Génesis marcan el fundamento para ambos, el ministerio y el matrimonio. Sin embargo, no he desarrollado un punto de vista bíblico sobre el matrimonio en este libro,[1] a pesar de que las cuestiones de ministerio y matrimonio son con frequencia entrelazaras en discusiones actuales. La relación entre mujeres y hombres en lo laboral, y un hombre y una mujer en el matrimonio son dos asuntos diferentes. Si la discusión en cuanto a la relación entre hombres y mujeres es personal, la discusión de la relación entre una mujer y un hombre es aun más personal y subjetiva. En este estudio mostraré como el uso bíblico de la metáfora "cabeza" no limita a mujeres en el ministerio, y, además, como Jesús y Pablo conciben el ministerio como prioridad más importante sobre el ser amas de casa. Aun así, el ministerio no debe destruir matrimonios. En el epílogo, mi esposo el reverendo doctor William David Spencer, compartirá la afirmación Neo testamentaria de mujeres en servicio cristiano activo puede afectar el matrimonio, el ser padres y la vida eclesial. Más aun, ya que los humanos frecuentemente son dirigidos por su voluntad en vez de su razonamiento, él explicará a raíz de su experiencia el porqué las personas, especialmente los hombres, serian sabios en afirmar mujeres como líderes en las iglesias. Para esto, mi esposo ha pedido que sus explicaciones a raíz de su experiencia sean separadas del estudio bíblico en este libro, de manera que la Biblia sea nuestra autoridad y no nuestros deseos o experiencias. La experiencia debe confirmar y añadir profundidad a los principios bíblicos a medida que esos principios sean puestos en práctica.

¿Qué he descubierto como estudiante de la revelación de Dios? El titulo y el subtitulo sugieren las conclusiones. He descubierto que debemos y no debemos de ir más allá de la maldición. Por otro lado, debemos ir más allá de las maldiciones de Adán y Eva para empezar a vivir vidas impactadas por la redención de Cristo. Dios está contento con el ministerio compartido de hombres y mujeres cristianos. Pero por otro lado, a lo menos nunca debemos de ir más allá de las implicaciones de la maldición en aceptar más castigo que el que fue impartido. Sin embargo, a medida que nos desplacemos camino hacia el ministerio compartido, los medios llegan a ser tan importantes como los fines. El problema de Eva fue desear neciamente el alcanzar la sabiduría. La respuesta de Pablo a esta cuestión fue el enfocarse en la manera sabia en que se puede alcanzar esa sabiduría.

---

1. Ver *Marriage at the Crossroads: Couples in Conversation About Discipleship, Gender Roles, Decision Making and Intimacy* (Downers Grove: InterVarsity Press, 2009).

1

Iguales en Edén

Fundamentos para el ministerio y el matrimonio

"Cuán hermoso, es pues, el matrimonio entre dos Cristianos, dos que comparten una misma esperanza, un mismo deseo, una misma manera de vivir, una misma religión" Tertullian, *A su esposa 8.*

AUNQUE ESTE LIBRO SE enfoca en las enseñanzas del Nuevo Testamento en cuanto al ministerio, es necesario regresar y estudiar los primeros capítulos en Génesis. Si bien Cristo cambió nuestra perspectiva sobre las leyes sacrifícales del Antiguo Testamento, de ninguna manera él ha invalidado la autoridad y la pertinencia del Antiguo Testamento. Casi todas las preguntas fundamentales encuentran sus respuestas en los primeros capítulos de Génesis. Así mismo, los parámetros para las relaciones entre hombres y mujeres no son la excepción.

El mismo apóstol Pablo cubre Génesis 1–3 autoritariamente y los considera cruciales para elaborar principios del primer siglo para mujeres y hombres. Sus principios para las mujeres y los hombres de Éfeso y Corinto concluyen con las exposiciones siguientes:

"Porque Adán fue formado primero, después Eva; y Adán no fue engañado, sino que la mujer, siendo engañada, incurrió en transgresión" (1 Ti 2:13–14) y "Porque el varón no procede de la mujer, sino la mujer del varón" (1 Co 11:8), y "Los dos serán una sola carne" (1 Co 6:16), y "Fue hecho el primer hombre Adán alma viviente" (1 Co 15:45). Pablo también se refiere a los primeros capítulos de Génesis cuando le escribe a los efesinos y a los romanos: "Por esto dejará el hombre a su padre y a su madre, y se unirá a su mujer, y los dos serán una sola carne" (Ef 5:31) y "Por tanto, como el pecado entró en el mundo por un hombre, y por el pecado la muerte, así la muerte pasó a todos los hombres, por cuanto todos pecaron" (Ro 5:12). Como Pablo se refiere a Génesis en sus argumentos, estudiantes contemporáneos del Nuevo Testamento deben tomar esos pasajes en cuenta también.

Fuera de seguir el ejemplo de Pablo, otra razón por la cual estudiamos los primeros capítulos de Génesis es porque muchos escritores contemporáneos se refieren a estos capítulos al tratar sobre mujeres y hombres, y esto lo hacen por muy buenas razones. En un discurso en la academia de Wheaton, publicado en *The Christian Reader*, Elizabeth Elliot desafío a la audiencia:

El Credo de Nicea empieza,

> "Yo creo en un Dios, el Padre todopoderoso, hacedor de todas las cosas visibles e invisibles." He aquí donde empezamos. Existe un creador inteligente, un orden creado, un diseño. Este diseño incluye una jerarquía de seres tales como querubines, serafines, arcángeles, ángeles, hombres ("poco menor que los ángeles"), animales, insectos, cosas como las paramnesias y los microbios. Cada criatura tiene asignada su propia posición en esta escala y glorifica a Dios en siendo lo que es. No hay ninguna razón para creer que una zorra glorifica a Dios menos siendo una zorra, que Miguel siendo un arcángel. Mi entendimiento es que las mujeres, por designio de la creación, tienen un lugar en la esfera humana que es subordinada a la de los hombres, y esto me es motivo de gozo. El relato de Génesis reconoce a la mujer como "ayuda idónea" —es decir, adecuada, para el hombre. Yo no comparto la idea de que todos los hombres son tan fuertes, tan inteligentes, tan competentes, y tan virtuosos o consagrados que *merezcan* una posición superior. Simplemente veo que ese puesto es de ellos no por merito sino por asignación.[1]

Elisabeth Elliot ha enfatizado un pensamiento crucial. La intención de Dios al crear no es afectada por la cultura o por la caída del ser humano. Ninguna suma de estudios sobre la influencia de los efectos temporales de la cultura o de la caída, en contraste con la gracia redentora de Dios en cuanto a los papeles de las mujeres, puede alterar la voluntad de Dios antes de la caída del ser humano en Edén, la cual fue una situación

---

1. Elisabeth Elliot Leitch, "Called to be Liberated Women," *The Christian Reader*, November/December, 1975, 44.

supra cultural. Elliot concluye que las mujeres deben ser sumisas a los hombres porque esta fue la intención de Dios en la creación. Actuando en principios similares, en junio de 1984 la convención de Bautistas del Sur (*Southern Baptist Convention*) decidió excluir toda mujer de funciones pastorales y posiciones de liderazgo que implicaran ordenación: "para preservar la sumisión que Dios requiere porque el hombre fue primero en la creación y la mujer fue primera en la caída en Edén".[2] Las mujeres deben ser amas de casa y los hombres deben ser proveedores para sus hogares. Elliot y demás han expresado un sentimiento común. Dios ha planeado que hombres y mujeres tengan papeles jerárquicos y distintos. Estas conclusiones son ejemplares, no únicas, y tampoco meramente contemporáneas. Agustín enseña además en su escrito *The Good of Marriage* (Lo bueno del matrimonio) que la unión de hombres y mujeres es: "un tipo de unión amistosa y genuina donde uno manda y el otro obedece." (cap. 1)

Tal aparente consenso en cuanto al entendimiento de Génesis 2 ha incluso influenciado muchas de las feministas cristianas. Por ejemplo, Eva Figes concluye: "Génesis 1 es más declaración reciente y se puede considerar como un atentado editorial para oponerse de algunas de las interpretaciones más antifeministas y antropomorfitas que han ocasionado el capítulo 2." Ella concuerda con personas como Elliot en que Génesis 2 enseña la sumisión de mujeres a hombres. Sin embargo, en un contraste con el capítulo 2, Génesis 1 enseña la igualdad entre mujeres y hombres. Consecuentemente, dependiendo en que conclusiones estas buscan fomentar, académicos cristianos ejemplares y devotos como estos han tendido a enfocarse en el capítulo 1 de Génesis o en el capítulo 2. Si están de acuerdo con la igualdad de mujeres y hombres entonces prefieren el capítulo 1. Si están de acuerdo con la sumisión de mujeres a hombres prefieren el capitulo 2.

¿Deberá la Biblia convertirse en una especia de balanza donde la persona con más peso mantiene el control? ¿Debemos nosotros escoger Génesis 1 por encima de Génesis 2 para apoyar la igualdad de hombres y mujeres? En una carta al editor de la revista *Christianity Today*, Richard Laribee ha expresado un punto de vista frecuente:

---

2. Ver Richard Groves, "Conservatives Dominate Southern Baptist Meeting," *The Christian Century*, July 18-25, 1984, 701-3 y *the Southern Baptist Convention Annual* (104th).

Sin importar en qué lado del debate uno se encuentre, uno debe tener la capacidad, a estas alturas, de reconocer que el asunto en cuestión ya no es en torno a las responsabilidades de hombres y mujeres dentro de sus respectivos roles. Más bien, la cuestión sobre la que debemos decidir cada uno es el tema de la máxima autoridad en nuestras vidas y en nuestra teología: ¿Estaremos sujetos a las Escrituras o someteremos las Escrituras a los caprichos de nuestra cultura actual?[3]

Es evidente que la interpretación de Génesis 1–3 es fundamental para el entendimiento del Nuevo Testamento y para el desarrollo de principios para el matrimonio y el ministerio. ¿Qué es lo que Génesis verdaderamente nos enseña sobre la relación entre Adán y Eva en la creación? ¿Hubo alguna distribución de poder o autoridad? ¿Existió alguna jerarquía o falta de jerarquía? ¿Qué tipo de rendición de cuentas existió? ¿Qué significaba para Eva ser la ayuda idónea de Adán?

Lo que he descubierto es que los primeros dos capítulos de Génesis no presentan mensajes contradictorios. Génesis 1 no tiene una visión sobre la mujer contraria a la visión de Génesis 2. Antes de la caída del ser humano Dios creó al hombre y a la mujer para compartir en el ministerio y en el matrimonio. Dios quiso que Adán y Eva tuvieran igual participación.

ANTES DE LA MALDICIÓN: LAS BENDICIONES

La imagen y el mandato de Dios (Génesis 1)

Génesis 1:26–27 dice:

> Entonces dijo Dios: Hagamos *el Adán* a nuestra imagen, conforme a nuestra semejanza; y tenga potestad sobre los peces del mar y sobre las aves de los cielos y sobre las bestias y sobre toda la tierra y sobre todo animal que se arrastra sobre la tierra. Y creó Dios *el Adán* a su imagen, a imagen de Dios lo creó; varón y hembra los creó.

Estos versículos enseñan al lector ciertos aspectos básicos. "El Adán" es creado a imagen de Dios. ¿Quién es "el Adán"? "El Adán" es un "ellos." La cláusula "Dios lo creó" es paralela a la cláusula que le sigue "los creó," indicando que la frase "lo creó" es sinónimo de la frase "los creó." "El Adán" es "varón y hembra." De ahí, "el Adán" puede ser traducido

---

3. Richard Laribee, "Letter to the Editor," *Christianity Today*, June 4, 1976, 24.

"ser humano" o "humanidad"; sin embargo, el efecto de sinécdoque se perdería. La sinécdoque "el Adán" es un singular que representa el plural "varón y hembra." Al tener el singular Adán representar el plural "varón y hembra," el escritor ha enfatizado la unidad y diversidad esencial de Adán y Eva. Su relación es fundamental. La sinécdoque enfatiza valores relacionales. De ahí, si "el Adán" es hecho a imagen de Dios, entonces "varón y hembra" han sido hechos a imagen de Dios. Por consiguiente, para entender la naturaleza de Dios, tanto hombres como mujeres son necesarios para reflejar la imagen de Dios. La imagen de Dios es una imagen doble.[4]

Por otra parte, el significado contextual de la imagen de Dios es demostrado a través de relaciones. De ahí, aun mientras que el Adán es singular pero a su vez plural, así también Dios es singular y a su vez plural. Dios quien es uno dice "*hagamos* el Adán a *nuestra* imagen, conforme a *nuestra* semejanza." Varón y hembra reflejan la pluralidad de Dios como trinidad. La interrelación entre varón y hembra simboliza la interrelación dentro de Dios. No existe posibilidad, de acuerdo a estos versículos, de que Adán, el varón, pueda por si solo reflejar la naturaleza de Dios. Tampoco es posible para Adán, la hembra, por si sola reflejar la naturaleza de Dios. Varones y hembras son necesarios para reflejar la naturaleza de Dios. En un sentido más amplio, relaciones en sí mismas entre diferentes personas reflejan la naturaleza de Dios.

¿A caso la caída del ser humano modificó la doble imagen de Dios en la creación? Luego de la caída del ser humano, las verdades elaboradas en los versículos 1:26–27 son repetidas en 5:1–2:

> Este es el libro de las descendientes de Adán en el día en que creó Dios a Adán, a semejanza de Dios lo hizo, varón y hembra los creó; y los bendijo, y llamó el nombre de ellos Adán, el día en que fueron creados.

Una vez más tenemos las cláusulas paralelas "lo hizo" y "los creó." Además, el autor añade que Dios "llamó el nombre de ellos *Adán*." El varón y la hembra tienen un nombre, "Adán." La caída del ser humano no ha cambiado la capacidad de la mujer para reflejar la imagen de Dios.

A veces la gente piensa que de alguna manera los varones reflejan la imagen de Dios más que las hembras. Incluso C.S. Lewis al final de su magnífica novela *Perelandra*, presenta al rey reflejando la deidad Maledil

---

4. Ver también Rolf E. Aaseng, "Male and Female Created He Them," *Christianity Today*, Nov. 20, 1970, 5–6.

más completamente que la reina. No obstante, en Génesis 1:26-27 varones y hembras están muy interrelacionados como para poder ser separados. Incluso los escritores en el Nuevo Testamento siempre tienen cuidado y describen a Jesús con el término genérico griego *anthropos*, "humano," en vez de el termino *aner*, "varón."⁵ Aunque Dios se hizo hombre, Dios principalmente se convirtió en un ser humano; de no ser así, de alguna manera los varones serian más salvos que las hembras. En la creación, por el contrario, varones y hembras forman una unidad. Y es esa unidad la que refleja la semejanza de Dios.

En Génesis 1:28 el lector aprende aun más sobre Adán y varón y hembra. El texto lee:

> Y los bendijo Dios y Dios les dijo: "Fructificad y multiplicaos; llenad la tierra, y sometedla y ejerced potestad sobre los peces del mar y sobre las aves de los cielos y sobre todos los animales que se mueven sobre la tierra."

En el versículo 26 Dios describe a "Adán" como a "ellos" quienes señorearan. En el versículo 28 Dios les ordena, no solo al varón, a sojuzgar la tierra y señorear sobre los peces, las aves, y todo animal que se mueve. El verbo "sojuzgar" es casi una sinopsis del segundo verbo "someter" o "ejercer potestad" o "señorear," porque el verbo "sojuzgar" (*radah*) toma la preposición "en" (*b*) para poder darle énfasis al aspecto de sojuzgar. Por consiguiente, de acuerdo con Génesis 1, no solo hacen falta el varón y la hembra para reflejar la imagen de Dios, sino también el ser gobernante (y el serlo con autoridad) y el trabajar, no solamente son designados sino son ordenados para el varón y la hembra. El no gobernar conjuntamente sería desobedecer la orden de Dios. La constitución del varón y de la hembra es consistente con la práctica del varón y de la hembra. Varón y hembra comparten del poder y de la autoridad, como comparten de la dignidad.

Ayuda idónea (Génesis 2)

Génesis 1 provee el escenario de toda la creación. Génesis 2 se enfoca de retorno a un periodo en particular, el fin del sexto día. ¿Podríamos llegar a algunas conclusiones parecidas sobre el capítulo 2 como hicimos con el capítulo 1? o ¿Es la descripción de la hembra como "ayuda idónea" del varón una comprobación que la hembra debía ser sumisa en obedecer

---

5. Ver Aída Besançon Spencer, *The Goddess Revival: A Biblical Response to God(dess) Spirituality* (Eugene: Wipf & Stock, 1995), 99-101, 124, 253.

al varón y que el varón nunca debía ser sumiso u obedecer a la hembra? No fue hasta un día cuando estaba estudiando el texto hebreo de Génesis que el impacto completo de Génesis 2:18 me causó una impresión. El versículo lee literalmente:

> Y Dios el Señor pensó que no era bueno que Adán estuviera solo; "yo hare para él una ayuda como si fuera delante de él.

En este versículo *"el Adán"* se usa para describir el varón. Lo que la versión *Reina-Valera* traduce como "ayuda idónea para él" y la versión *Dios habla hoy* traduce "ayuda adecuada para él," es una palabra en el hebreo, *knegdwo*. Esta palabra ocurre de este modo solamente en el versículo 18 y se repite en el versículo 20. Esta palabra construye tres unidades de pensamiento: el prefijo *k*, la preposición *neged*, y el sufijo *wo*. El prefijo *k* significa una comparación, semejanza, o proporción. El sufijo *wo* es un pronombre que significa "él". El prefijo hace la pregunta, ¿Cuál es la comparación entre el ayudante y "él"? ¿Cómo podrá describir la ayuda en comparación con Adán? La preposición *neged* que se encuentra entre el prefijo y el sufijo contesta esta pregunta. La ayuda es *neged* a él. ¿Qué significa *neged*? La raíz básica literalmente describe los parentescos físicos. Se refiere "al frente" o a "lo visible." La preposición *neged* significa el "estar al frente" y el "hacerle frente a." Por lo tanto, Dios ha creado un ayudante para Adán "como si estuviera frente a él." ¿Sugiere la presencia de esta frase un parentesco de sumisión jerárquico o más bajo? En el hebreo, las preposiciones, los verbos, y los substantivos tienen la tendencia de estar relacionados concéntricamente con el significado de su raíz. El significado de un verbo o de un substantivo puede aclarar el significado de cualquier otra palabra del grupo. "Frente" o "visible" parece indicar la superioridad o la igualdad. ¿Es esto posible? La misma preposición cuando se convierte a un substantivo (*nagid*) quiere decir "él que está en frente," un líder, gobernante, príncipe o rey; un "obispado," Literalmente significa "uno al frente."[6] *Nagid* es el término que se usa para describir los papeles de David y de Salomón como gobernantes de Israel. [7]

Neged no es la única palabra posible que se pudiera haber usado en el versículo 18 para significar "frente." En el versículo 8 del mismo capítulo, *qedem* se usa. Esta palabra también quiere decir "lo que está

---

6. Francis Brown, S.R. Driver, y Charles A. Briggs, *A Hebrew and English Lexicon of the Old Testament* (Oxford: Clarendon, 1907), pp.617–18.

7. 1 S 9:16; 13:14; 1 R 1:35.

en frente" o "ir de antemano, anticipar, conocer, encontrar." Cuando la preposición se convierte a un adverbio o a un substantivo, significa "estar al este." Para un hebreo, "el frente" como dirección significa "el este" para nosotros. En Edén, el jardín estaba "en el este." El escritor de Génesis sabía por lo menos dos palabras que significaban "frente." Seguramente *qedem* hubiera tenido menos connotaciones autoritarias que *neged*, sin embargo, en vez el escritor escogió la combinación singular de *knegdwo*. Por otra parte, el texto declara que esta es la palabra que Dios escogió para describir a la hembra.

Si Eva hubiera sido creada en una posición inferior, el escritor debía haber usado el término que significaba "después" o "detrás" como la preposición *áhar* o simplemente "para" que es un término hasta más neutral todavía: "un ayudante *para* él." El idioma hebreo no tiene límite de posibilidades. Es un idioma figurativo. Los hebreos eran gente figurativa, como las muchas culturas mas ancianas de hoy día que son inmensamente figurativas. Una pareja de nuestros abuelos, un griego contemporáneo, recuerda la costumbre tradicional griega que exigía que la mujer caminara por la calle detrás del esposo con los niños detrás de ella para simbolizar la subordinación respectiva.

Sin embargo, la Biblia, hasta en el capítulo 2 de Génesis, el cual algunos presumen que enseña la jerarquía del varón sobre la hembra, revela gramaticalmente que no hay subordinación del ayudante a Adán. Más bien, Dios creó a la mujer para que estuviera "en frente de" o "visible" a Adán, lo cual simbolizaría igualdad (¡y hasta superioridad!) en todos los aspectos. ¡Aun más, uno puede disputar que la hembra es la ayudante que tiene mando por encima del que ella ayuda! Dios de manera efectiva ha inaugurado una sumisión mutua hasta en la creación.

Como exegeta no he ampliado la gramática hebrea demasiado. El definitivo *A Hebrew and English Lexicon* por Francis Brown, S.R. Driver, y Charles Briggs, contiene el mismo entendimiento del verso: "una ayuda *que corresponde* a él" es, en otras palabras, "igual y adecuada a él mismo."[8] Irenaeus (del segundo siglo) también dijo que Dios hizo "un ayudante igual y par y semejante a Adán" (*Proof of the Apostolic Preaching*, cap.13). Tal vez, cuando el texto hebreo se tradujo al griego alrededor del 250 a.C. los traductores septuagentistas también aseguraron la expresión de esta idea de igualdad. Ellos tradujeron *knegdwo* ("ayuda idónea para él")

---

8. Brown, Driver, Briggs, p. 617.

Iguales en Edén 13

en el versículo 18 con el griego *kata* seguido por el complemento que significa la dirección horizontal en vez de perpendicular. A.T. Robertson explica que la frase se usa para expresar la igualdad y la semejanza.[9] Los traductores de la Septuaginta tradujeron el versículo 20 con una palabra diferente pero paralela, *homoios*, el cual significa "del mismo carácter, parecido, semejante." Dentro de la fábrica general de semejanza, *homoios* también significa la igualdad de fuerza y la igualdad de rango.[10] Walter Bauter cita a Génesis 2:20 como un ejemplo de este sentido. En Génesis 2:20, *homoios*, según Bauer, significa "igualmente grande o importante, tan poderoso como, igual a."[11]

El capítulo 2 de Génesis nunca dice que la mujer es inferior a o subordinada al hombre. Más bien, ambos textos del hebreo y del griego acentúan la igualdad y la semejanza de la mujer al hombre. ¡El texto hebreo hasta significa literalmente que la mujer es "frente de" el hombre o "por encima" de él! Mucha de la confusión contemporánea del entendimiento del varón y de la hembra en la creación ocurre a causa del término "ayuda idónea." ¿Si la mujer es la "ayuda idónea" del hombre, entonces no es ella como la "criada" o la "sirviente" del amo? Por supuesto, la frase "ayuda idónea" proviene de la combinación, de "ayuda" e "idónea." Eva es la "ayuda idónea" o la "ayuda compañera" de Adán. "Ayuda idónea" es una palabra satisfactoria de emplear si entendemos a "idónea" como significar "igual y semejante a."

Sin embargo, ¿El hecho que se refiere a la mujer como "una ayudante" o "una ayuda" al hombre cambia o modifica la evidente falta de subordinación en la "idónea"? Existe un movimiento que propone que las mujeres de veras son iguales a los hombres, pero que están designadas a una posición subordinada en cuanto a la casa y a la iglesia. Quizás el ser un "ayudante" inherentemente significa la subordinación en muchas culturas. No obstante, en la Biblia el término *'ezer* ("uno que ayuda") de ninguna manera sugiere la subordinación inherente. El término "ayudante"

---

9. A.T. Robertson, *A Grammar of the Greek New Testament in the Light of Historical Research* (Nashville: Broadman, 1934), p. 608.

10. Henry G. Liddell y Robert Scott, *A Greek-English Lexicon*, eds. Henry S. Jones y Roderick McKenzie (9th ed.; Oxford: Clarendon, 1968), p. 1224.

11. Walter Bauer, *A Greek-English Lexicon of the New Testament and Other Early Christian Literature*, trans. y eds. William F. Arndt y F. Wilbur Gingrich (Chicago: University of Chicago, 1957), p. 569.

se refiere con más frecuencia a Dios (13 veces) y algunas veces se refiere a los protectores militares y aliados (4 veces). Como canta el salmista:

> Alzaré mis ojos a los montes. ¿De dónde vendrá mi *socorro*? Mi *socorro* viene de Jehová, que hizo los cielos y la tierra. (121:1-2)

Moisés nombró a su segundo hijo *Eliezer* porque "El Dios de mi padre me *ayudó* y me libró de la espada de faraón" (Ex 18:4). Si el ser "uno que ayuda" inherentemente da a entender la subordinación, entonces en ese caso ¡Dios estaría subordinado a los humanos! En contraste, Dios reprende a los israelitas por buscar la protección de los egipcios en vez de la ayuda del Señor. Los egipcios son gente que no traen ni "ayuda, ni provecho" (Is 30:5). En ningún momento la palabra *'ezer* indica un ayudante subordinado a no ser que las dos referencias a "ayudante" en Génesis 2:18,20 se consideren excepciones al uso común. [12]

El denigrar el término "ayudante" es ignorar el contexto completo del capítulo 2. La mujer fue creada no para servir Adán, más bien para servir *con* Adán. Aparentemente Dios no quería que Adán dirigiera sus asignaciones por sí solo. En Génesis 2:15 Dios deja a Adán en el jardín de Edén para cultivarlo y protegerlo. Tres versículos después, el texto indica que Dios piensa que no es bueno que el hombre este solo. Consecuentemente, Dios dice: "Voy a hacer alguien que sea una ayuda adecuada para él." El estar "solo" no significa necesariamente el sentirse abandonado. Adán no había expresado la soledad. Fue Dios quien pensó que no era bueno que Adán estuviera solo. ¡No toda solitud es soledad! Dios decidió que Adán no debía de estar solo. Entonces Dios procedió a educar a Adán para que el pudiera apreciar la más nueva creación.

Una razón contextualmente clara por la cual Dios no deseaba que Adán estuviera "solo" es porque Adán tenía la necesidad de una ayudante. El suspenso en Génesis 2 aumenta hasta un clímax. Primeramente Edén es descrito como si no tuviera a nadie quien pudiera labrar la tierra (v.5). Luego el Señor toma a Adán y lo pone en Edén para que lo labre y lo guarde (v.15). Más adelante, Dios le presenta los animales a Adán para que él los nombre. Al mismo tiempo, Dios permite que Adán descubra

---

12. R. David Freedman sugiere que el termino "idonea" etimologicamente significa "un poder (o fortaleza)" que puede salvar. La palabra viene de dos raíces: "una c-z-r que significa 'rescatar,' 'salvar,' y la otra g-z-r que significa 'ser fuerte.' Entonces, Eva es 'un poder (o fortaleza) igual a Adan.'" "Woman, A Power Equal to Man: Translation of Woman as a 'Fit Helpmate' for Man Is Questioned," *Biblical Archaeology Review* 9, January/February, 1983, 56-58.

si acaso alguno de los animales le puede servir como ayudante. Pues claro, ninguno le es adecuado (vv.19-20). Dios deseaba ayuda para Adán porque Dios comprendía que Adán necesitaba una ayuda para labrar y para guardar el jardín. Más aun, el ayudante del hombre no podía ser cualquiera. El necesitaba de otro ser humano, uno igual y correspondiente a él, una amiga. Adán y Eva juntos fueron creados para servir a Dios. Por consiguiente, el suspenso aumenta hasta llegar al clímax en el capítulo 2. Solamente alguien que ha sido formado del mismo costado de Adán le causaría exclamar: "Está, es ahora hueso de mis huesos y carne de mi carne" (v.23) El escritor desarrolla la importancia de la creación de una "ayuda adecuada para él" en el versículo 24. El hecho de que la ayuda de Adán haya venido de su costado, de su carne, hace que se convierta en una persona con quien Adán se une. El abandona hasta sus mismos padres, para poder ser una carne con Eva. La unidad entre el esposo y la esposa es más grande que la que existe entre un hijo y sus padres.[13]

Es por esto que en Génesis 2 llama a la mujer una "ayuda idónea" para el hombre. Sin embargo, el uso de "ayuda" señala la insuficiencia de Adán. Por si mismo Adán no es capaz de realizar el mandato de Dios de labrar y guardar el jardín. Más aun, el contexto de ninguna manera da a entender que las obligaciones de Eva como "una ayuda" son diferentes las de quien ella ayuda. Al contrario, el contexto claramente presenta la necesidad de labrar y de guardar y el cumplimiento de esa necesidad por medio de la creación de Adán y luego de Eva. El "ayudar" aquí significa el "compartir de los mismo encargos" e "idónea" significa el hacerlo de modo "igual y semejante."

En una manera más concreta, el capítulo 2 de Génesis reitera el mensaje del capítulo 1. "Labrar y guardar" el jardín es una manera en que los humanos pueden "sojuzgar la tierra." Sus semejantes tareas exigen las labores de dos iguales. Eva y Adán son igual en rango y son igual

---

13. John Skinner, en *A Critical and Exegetical Commentary on Genesis,* comenta que el verso presupondría "la costumbre primitiva llamada matrimonio *beena* " en donde "el esposo parte de su propios parientes, y va a vivir con su esposa,...Pero esto implicaría una casi increíble antigüedad para la presente forma de la narrativa; y, más aun, el dominio del hombre sobre la mujer asumido en 3:16b es inconsistente con las condiciones del matrimonio *beena.*" Sin embargo, si Génesis no es una composición de escritos más reciente y el dominio del esposo sobre la esposa es un resultado innatural de la caída, entonces el versículo puede indicar un matrimonio primitivo *beena* donde el esposo vive con la esposa, en vez de vice versa. *The International Critical Commentary* (2d ed.; Edinburgh: T. & T. Clark, 1930), p. 70.

en imagen. Génesis 2, como Génesis 1, declara y explica la igualdad del varón y de la hembra, su gobierno unido e interrelación.

Originalmente, la intención de Dios para los hombres y para las mujeres era que compartieran las obligaciones y la autoridad, tanto en el trabajo como en el matrimonio. En la iglesia es necesario tener tanto hombres como mujeres en posiciones de autoridad, de manera que podamos ayudar a la gente a comprender mejor la naturaleza de Dios. La imagen de Dios necesita tanto al varón como a la hembra para poder reflejar a Dios de manera más completa. El texto bíblico también nos advierte contra la exclusión de ya sea mujeres u hombres dentro del trabajo ministerial. Así mismo, Dios no se puede ser descrito ni como varón ni como mujer (en otras palabras, como Espíritu) para representar ambos, hembras y varones. Si la "masculinidad" de Dios es resaltada al punto de eliminar la "feminidad" de Dios, entonces hemos creado un dios macho del cual las mujeres se pueden sentir apartadas. ¡Este dios macho no es el Dios que creó y que sostiene los cielos y la tierra! Sin embargo, el buscar una diosa hembra es eliminar la verdad de que los hombres también reflejan la imagen de Dios.[14] Más aun, cuando Dios asigna tareas a las mujeres como a los hombres sin diferenciar sus roles, entonces esa tarea implica que la esencia masculina o femenina no se deriva ni de los roles ni de las obligaciones. Cuando una mujer tiene mando y trabaja, ella no ha perdido su feminidad; la ha re-obtenido. Cuando un hombre coopera en un trabajo colectivo, él tampoco no ha perdido su masculinidad. La intención de Dios originalmente era que el Adán, el varón y la hembra, gobernaran y trabajaran en el ministerio y en el matrimonio como si fueran una sola carne.

DESPUÉS DE LA MALDICIÓN

Dios quizás esperó que Adán y Eva gobernaran y trabajaran juntos. Sin embargo, algunos podrían sugerir, Eva no se mostró así misma capaz de llenar las expectativas de Dios. ¿Acaso la caída erradicó irreparablemente la dignidad y capacidad de dominar del hombre y la mujer al ser creados? ¿A caso la caída cambio la igualdad establecida originalmente? Para poder entender la situación después de la maldición, la caída y las maldiciones mismas deben ser primeramente estudiadas. ¿Cuáles eran los respectivos

---

14. Ver Spencer, y otros, *The Goddess Revival*.

papeles de Eva y Adán en la caída? ¿Qué significa la maldición a medida que se aplica a los hombres y las mujeres?

La caída: El camino falso a la sabiduría

Eva y Adán pudieron haber recibido repercusiones negativas por haber desobedecido el mandato de Dios de no comer del árbol de la ciencia del conocimiento del bien y del mal. Sin embargo, mucha gente piensa que fue Eva la que principalmente fue responsable por la desobediencia. En alguna literatura rabínica, tal como algún comentario sobre Génesis, Eva no fue creada al mismo tiempo que Adán porque Dios supo de antemano que más adelante de ella iba ser una fuente de lamento. Por esta razón, el Señor se tardo en formarla hasta que Adán expresara un deseo por ella (*Génesis Rabbah* XVII). En el Apocalipsis de Moisés, Eva confiesa haberle traído dolor a Adán:

> Mi señor Adán, levántese y déme la mitad de sus aflicciones y yo lo soportaré; porque es por cuenta mía que esto le ha ocurrido; es por motivo mío que tu está rodeado de trabajo penoso y aflicción (IX 2).

Uno u dos siglos antes del nacimiento de nuestro Señor Jesús, ben Eleazar ben Sirach escribió: "De una mujer originó la transgresión, y por cuenta de ella todos tenemos que morir" (25:24). Eva, y consecuentemente todas las mujeres, se convierten entonces en responsables de la presencia de toda la calamidad en el mundo. Eva se ha hecho un carácter completamente innoble.

Sin embargo, puede que Eva no haya sido tan totalmente maligna ni tan totalmente culpable como tantos la han entendido. En primer lugar, ¿Quiénes están presente durante ese dialogo histórico entre la serpiente y Eva (Gn 3)? Obviamente solamente la serpiente y Eva hablan. No obstante, cuándo la serpiente le habla a la mujer utiliza el plural "vosotros o ustedes," no el "tu o usted" femenino singular. (El ingles contemporáneo solamente emplea una palabra para representar una o más de una persona.) La Reina-Valera 1960 mantiene el plural "os ha dicho," "no comeréis de él", "no moriréis" y "seréis como Dios." Además, el texto lee que: "sus ojos serán abiertos." Dios utilizó el singular en Génesis 2:16–17 cuando hablo exclusivamente con Adán. Así que, la serpiente no está simplemente repitiendo el mandato de Dios. Probablemente la serpiente emplea el plural porque quiere asegurarse que Adán caiga juntamente con

Eva. Además puede también que sea probable que la serpiente emplee el plural porque está hablando tanto con Adán que con Eva. De ahí, puede que Adán haya estado presente a pesar de que no habló.

La posibilidad que Adán estaba presente durante el dialogo se confirma en el versículo 6. Después que Eva come de la fruta, ella se la entrega a su esposo, que esta "con ella" como aparece en la versión de *La Biblia de las Americas*. Muchas traducciones tienden de omitir las palabras "con ella" (*'mmah*) porque son difíciles de traducir. En español parecen ser inútil pero en el hebreo también son innecesarias, a no ser que el escritor quiera especificar que Adán estaba presente con Eva. Consecuentemente, aunque el dialogo del capítulo 3 es entre la serpiente y Eva, es muy probable que Adán estuvo presente. Su falta de acción representó su consentimiento con el modo de pensar que estaba ocurriendo. Ese consentimiento es evidente en el acto de desobediencia de Adán: "el cual comió." De este modo, Eva aparentemente no fue completamente culpable. Ambos Adán y Eva parecen haber estado presente durante el dialogo.

En segundo lugar, ¿Cuál es exactamente el pecado de Eva? ¿Fue todo lo que ella hizo totalmente erróneo? Frecuentemente las acciones de Eva son consideradas ya sean totalmente mal o totalmente bien. Una institución contemporánea de estudios superiores intento recaudar fondos al sugerir que "Eva tenía la idea correcta. Rodeada en Edén por un ambiente infinitamente variado y deliciosamente fascinante, ella rechazó el lugar donde reinaba la ignorancia e hizo esfuerzos para alcanzar el conocimiento —conocimiento acerca de sí misma y acerca del mundo alrededor de ella." El concepto de la "caída feliz" está bien expresado, aunque cristianizado, en aquella canción del siglo seis o siete: "Oh que crimen afortunado que ha merecido tener tal y tan gran redentor." El pecado de Adán en el Missal Romano, es presentado como "afortunado" para que pueda venir el Redentor. Sin embargo, esta conclusión de que Adán y Eva hicieron bien al comer del árbol del conocimiento del bien y del mal, está completamente fuera de la información bíblica.

Eva, juntamente con Adán, fue creada en la imagen de Dios. Por lo tanto, ella había conocido el bien. Sin embargo, después de su decisión de comer del fruto juntamente con Adán, ella irónicamente toma la semejanza de la *serpiente*, no la de Dios, y en vez de conocer el bien y el mal, solamente aprende el mal. Ambos aprenden el conocimiento de la vergüenza, de la independencia, y de la irresponsabilidad. No es hasta después que Adán se cubre que él le explica a Dios: "tuve miedo, porque estaba desnudo; y por eso me escondí" (v.10). Literalmente, Adán ya no estaba desnudo. Adán tenía vergüenza en la presencia de los ojos justos de Dios delante de quien ninguna cantidad de ropa bastaría para esconderse. Adán y Eva además perdieron el entendimiento fundamental de las interrelaciones que habían tenido antes de la caída. Antes de la caída, Eva hablaba sobre sus acciones en conjunto en la primera persona del plural: "*podemos* comer." Después de la caída, Adán y Eva solamente emplean el singular: "oí," "tuve miedo," "estaba desnudo," "me escondí." La unidad que existía entre ellos ha desaparecido. Finalmente, Eva y Adán ya no toman responsabilidad por sus acciones. Cuando Dios le pregunta a Adán: "¿Has comido del árbol del cual yo te mandé que no comieras?" Adán, con esas palabras memorables, le echa la culpa a Eva: "La mujer que me diste por compañera" —es su culpa. (El echar toda la culpabilidad a Eva hoy día es simplemente el imitar a Adán en su pecado.) No obstante, de la misma manera, Eva culpa a la serpiente: "La serpiente me engañó"—es su culpa. Adán y Eva se vuelven como la serpiente, sabiendo y haciendo el *mal*. En hebreo, la serpiente se llama 'arum (v.1): "mañosa, astuta, artificiosa." Adán y Eva se hacen 'erum (v.7): "desnudos" o "medio vestidos." El juego de palabras con la raíz básica ('rm) le indica al lector que la astucia de la serpiente de veras es semejante a la vergüenza. Consecuentemente a pesar de la aserción del Missal Romano, la caída de ninguna manera fue deseada por Dios. No es una "caída feliz." Puede que Dios trajera victoria a través de la encarnación; sin embargo, el poder ser victorioso en medio de una situación difícil no es de ninguna forma el desear esa situación difícil.

A pesar de todo, existe una cierta forma en la cual se podría decir que Eva si tenía "la idea correcta." Antes de que ella comiera de la fruta, el versículo seis nos cuenta: "y vio la mujer que el árbol era bueno para comer, y que era agradable a los ojos, y árbol codiciable para alcanzar la sabiduría." Eva percibió en la fruta ciertos valores. El árbol representaba comida buena para comer ya que era un fruto alimenticio, y como fuente nutritiva era saludable y no era algo que produciría cáncer o algo así; no era "comida basura."

Además, el árbol era hermoso. Eva no solamente era una nutricionista primitiva, sino también se inclinaba estéticamente. Ella apreciaba la belleza. Finalmente, el árbol tenía el potencial de enriquecer su educación. Ella estaba interesada en llegar a ser una persona más sabia y culta. ¿Qué pudiera haber sido mejor que el poder cuidar su cuerpo, escoger algo deleitante y bello, volverse algo más sabia y culta, y además de esto, tener todas estas cosas a la misma vez? ¿Acaso Dios está contra la comida, la belleza, y la educación?

Según Génesis 2:9, todo Edén está lleno de árboles agradables a la vista y buenos para comer, de los cuales Dios había dicho que podían comer libremente. De este modo, Dios seguramente valoraba y deseaba que Eva y Adán disfrutaran los deleites nutritivos y estéticos. Además, el deseo de Dios para que los humanos obtengan sabiduría es central al carácter del Señor. Por ejemplo, Proverbios 3:19-20 dice:

> Con sabiduría e inteligencia, el Señor afirmó los cielos y la tierra;
> con sabiduría hizo que el mar se dividiera y que de las nubes brotara el rocío.

y Proverbios 3:13-14 dice:

> Feliz el que halla sabiduría,
> el que obtiene inteligencia;
> porque son más provechosas que la plata,
> y rinden mayores beneficios que el oro.

Por consiguiente, al comer del árbol, Eva ha de haber pensado que Dios confirmaría su deseo por la sabiduría, la estética, y la nutrición.

Sin embargo, los valores nutritivos, estéticos, y educativos que la fruta podría aportar, son excuses o pretextos que Eva utiliza para disfrazar o para aumentar su deseo verdadero. Su deseo verdadero es el ser como Dios, sabiendo el bien y el mal. Solamente *después* que la serpiente sugiere que "seréis como Dios, sabiendo el bien y el mal" (3:5) es que Eva piensa sobre los otros beneficios del árbol: es "bueno para comer," "agradable a los ojos, y codiciable para alcanzar la sabiduría." Además, Eva no tiene que comer del árbol del conocimiento del bien y del mal para poder comer, ni para poder comer algo atrayente. La única característica distintiva de la fruta que Eva percibe es lo deseable que es para la inteligencia, la sabiduría, y el éxito. Eva desea sabiduría. Ella piensa que en volverse como Dios, teniendo el conocimiento del bien y del mal, ella alcanzara su meta. Su meta no es tan mal como sus medios. Para Eva el desear la sabiduría no es tan malo como el querer lograrlo desobedeciendo a Dios y desearlo para poder reemplazar a Dios. Dios había planeado e inspirado a los humanos a comer buenos alimentos y que disfrutaran la belleza. ¿Seres que

Dios les hubiera impedido el conocimiento de la sabiduría? Sin embargo, en vez de recibir la sabiduría de Dios, Eva tomó la responsabilidad para poder hacerse como Dios.

La sabiduría es buena, pero existe un camino necio y un camino prudente hacia la sabiduría. Desafortunadamente, Eva (y Adán) toma el camino necio. Ella hizo mal en querer ser como el Creador. Cuando lo creado trata de tomar el lugar del Creador, el resultado creado no es agradable. Dios le pregunta a Eva: "¡Que es lo que has creado!" Eva, junto a Adán, crea la vergüenza, la independencia, y la irresponsabilidad. Ellos se asemejan a la serpiente. Sin embargo, Eva no era totalmente mala. Ella valoraba la nutrición, la estética, y la sabiduría, metas que muchos pueden aprender a apreciar. No obstante, los medios empleados para alcanzar estas metas son tan significantes, o aun hasta más importantes que las mismas metas. Cuando Pablo le escribe a los Efesios (1 Ti 2:11–15) muchos años después, él también desea que ellos tomen el camino sabio a la sabiduría.

Las maldiciones

En diferentes pasajes bíblicos Dios es descrito como intentando alterar los planes establecidos de antemano. La maldad humana fue tan grande durante los tiempos de Noé que Dios se arrepiente de haber hecho la humanidad (Gn 6:6). Así mismo, Dios decidió no destruir los Ninivitas por el arrepentimiento a nivel nacional de parte de ellos (Jon 3:10). ¿Acaso cambió Dios los mandamientos establecidos antes de la caída del ser humano? Dios no altera los mandamientos que él crea. "El Adán" es aun responsable de labrar la tierra luego de salir del Edén (Gn 3:22–24). Sin embargo, la caída trajo serias repercusiones.[15] Cada maldición es una remisión de la condición antes de la caída del ser humano. El castigo es correspondiente al pecado. Entonces, cada personaje en la caída recibe un castigo diferente de acuerdo al orden de su falta.[16] Cada uno es responsable ante Dios.

---

15. La palabra "maldición" es utilizada solo para la serpiente y la tierra. Sin embargo, *'arar* puede ser usada en humanos (p.e., Gn 9:25; 27:29; Dt 27:15 ff.). En Génesis 3 todos los resultados de la desobediencia a los mandates de Dios son "maldiciones" en el sentido de que futuras generaciones no pueden erradicarlos por sus buenas acciones. Un mero castigo, en contraste, es siempre temporal y una medida educacional. Los niños, por ejemplo, son castigados, de forma tal que puedan convertirse en buenos y maduros adultos (p.e., Pr 22:15; 23:14).

16. Filo explica: "La serpiente fue la primera en engañar. Luego, la mujer pecó a través de él, cediendo al engaño. En tercer lugar el hombre (pecó), cediendo al deseo de la mujer

La serpiente había sido "más" astuta que todos los animales del campo que Dios había creado (3:1). Luego de la caída, la serpiente es "más" maldecida que todos los animales (3.14). La serpiente había animado a Eva y Adán "a comer" del fruto del árbol del conocimiento del bien y del mal. Ahora la serpiente por sí misma "comerá," pero comerá *polvo* todos los días de su vida. Aunque en una oración normal del idioma hebreo el verbo precede al sustantivo, por razones de énfasis vemos en el verso 14 que el sustantivo "polvo" precede el verbo "comerás," Así mismo, la armonía entre la mujer y la serpiente antes de la caída es revertida a enemistad. En vez de un dominio amoroso sobre los animales como en el 1:28, Eva ahora tiene que pelear la serpiente y su descendencia.

Dios permitirá que esta lucha se convierta en el medio para la redención. "La simiente (de ella) te herirá en la cabeza, y tú le herirás en el calcañar" (v. 15), Dios le dice a la serpiente. Es probable que aquí se encuentre el *protevangelium*, "el primer reflejo del evangelio." La "simiente" de la mujer puede ser una alusión al linaje mesiánico, que comienza con Adán y Eva y continua a través del linaje de Set, y no en el linaje de Caín. La mujer en el mismo proceso de vivir la maldición se convierte en un instrumento de redención en vez de condenación. La sutil referencia al linaje mesiánico en Génesis puede que también haya sido imitada por Pablo al usar la expresión "el Parto" en 1 Timoteo 2:15. La misma simiente que maltrata la serpiente se convierte en la simiente que salva a Eva.

Las maldiciones que la mujer tiene que soportar, tanto como las maldiciones de la serpiente, pueden ser comparadas a su condición antes de la caída, y sus castigos son comparables a sus pecados. Adán y Eva fueron fructíferos; sin embargo, ahora Eva dará a luz sus hijos con "dolor" (*'eseb*).[17] El mandamiento básico de ser fructificarse no ha sido cambiado. Ahora el cumplimiento de ese mandato es más difícil. Eva ha sido creada para señorear conjuntamente con Adán. Su pecado fue haber deseado tomar el rol de mando de Dios mismo. Con ese fin erróneo, ella tomo un rol de mando en la caída. Su maldición se convirtió en ser mandada,

en vez de al mandato divino" {*Questions and Answers on Genesis*, 1.47).

17. Irónicamente, "la maldición" es algunas veces empleada coloquialmente para referirse a la menstruación. El dolor ("síndrome premenstrual") asociado con menstruación puede ser aproximadamente llamado "la maldición" puesto que representa el dolor asociado con el parto. Todo este dolor en el mundo es el resultado de la naturaleza caída en este planeta. Por ejemplo, ver la sátira por Karen Osman, "PMS versus the Curse," *Daughters of Sarah*, May/June, 1985, 16–17.

larga y perversamente por su marido para que el señorease sobre ella. De esta forma ella desearía ser dominada por su esposo y él se sometería a este deseo. Dios no manda a Adán a señorear o gobernar su esposa. Al contrario, esto es el resultado de la maldición de Eva. La ser gobernada es una consecuencia del deseo de Eva y su caída.

Susan T. Foh comparte la interesante idea de que "el deseo" (*tshuqah*) en Génesis 3:16 significa que Eva desea poseer o controlar a Adán en la misma manera en que Génesis 4:7 presenta al pecado deseando esclavizar a Caín.[18] Caín es mandado a señorear sobre el pecado. Entonces, la maldición de la mujer no es desear ser esclava del hombre o desear solamente lo que su esposo desee. Al contrario, "estas palabras marcan el comienzo de la guerra de los sexos." Hombres y mujeres ahora luchan por control. La tesis de Foh es posible. Aunque ella emplea sus resultados para apoyar "el liderazgo del esposo sobre su esposa," su interpretación del texto no necesariamente sugiere esas conclusiones. La "autoridad" de Adán no es necesariamente buena en contraste con el deseo de Eva. Al contrario, ambos, el deseo de Eva y el dominio de Adán son parte de un mundo caído. Foh presupone que el liderazgo del esposo sobre la esposa es parte del orden de la creación. Por esta razón, su interpretación parte de esa presuposición. Además, la respuesta redentora al deseo de Eva de poseer Adán y "la guerra de los sexos" significaría que la esposa y el esposo estén mutuamente sumisos el uno al otro. La sumisión mutua terminaría el conflicto del uno querer controlar y el otro ser controlado, que no es más que el resultado directo de la maldición de la cual Cristo nos ha liberado.

La maldición de Eva, es entonces desear ser gobernada o desear gobernar. Ambas tendencias ciertamente operan hoy día. Las mujeres quieren dominar a los hombres y también quieren estar subordinadas a los hombres. Las mujeres aun quieren dominar los hombres insistiendo que los hombres tomen un aparente papel de comando que las mujeres puedan secretamente manipular. Cualquier tipo de conducta por parte de las mujeres y los efectos del gobierno de los hombres sobre las mujeres son claramente parte de la maldición de Eva y sus descendientes.

Aunque la maldición de Eva hoy día es la más notable, la maldición de Adán es la más extensa. Es por esto que Dios ciertamente ve a Adán como el responsable por sus acciones en la caída. ¿Acaso Adán es castigado por haber obedecido a su esposa? Dios le dice a Adán, "por cuanto

---

18. "What Is the Woman's Desire?" *Westminster Theological Journal* 37, Spring, 1975, 376–83.

escuchaste a la voz de tu mujer, y comiste del árbol de que te mandé diciendo: No comerás de él; maldita será..." (3:17). La obediencia de Adán no puede ser separada de su acción de comer del árbol que Dios le mando no comiese. La palabra "y" (*waw*) conecta las dos cláusulas "Adán obedeció su esposa" y "el comió" del árbol prohibido. Consecuentemente, Dios contrasta la obediencia de Adán para con su esposa en vez de obedecer a Dios. La esposa de Adán le había mandado a desobedecer a Dios. Fue la naturaleza del mandato de Eva lo que estaba mal, no el mandato en sí.

Adán fue maldecido en tres maneras. Primero, la relación entre Adán y su lugar de procedencia ("la tierra") fue rota. Adán fue formado de la tierra ('*adamah*). Ahora la tierra es maldecida. De la misma manera, Adán había sido el lugar de procedencia de Eva. La mujer ('*ishah*) fue formada del hombre ('*ish*). El juego de palabras entre '*Adán* e '*adamah* y '*ish* e '*ishah* señalan la interrelación entre lo creado y su lugar de procedencia. Además podemos ver como la relación de la mujer con su lugar de procedencia, el hombre, es también rota.

En segundo lugar, la tierra es la que ayuda a que los árboles broten, los árboles que Adán ha de atender y cuidar. Adán ha mal usado esos árboles, y comiendo de los que eran prohibidos. Como ahora Adán vive en enemistad con la tierra (su lugar de procedencia y potencial de felicidad), la tierra ahora hará su trabajo más difícil:

> Con dolor comerás de ella todos los días de tu vida. Espinos y cardos te producirá, y comerás plantas del campo. Con el sudor de tu rostro comerás el pan hasta que vuelvas a la tierra, porque de ella fuiste tomado; pues polvo eres, y al polvo volverás (3:17–19).

La misma palabra para "trabajo" ('*eseb*) es utilizada para Adán de la misma forma en que fue utilizada para Eva (3:16). Trabajo y dar a luz, no estaban supuestos a ser laboriosos. La tierra había producido arboles que daban frutos; ahora produce espinos y plantas espinosas. Adán comió el fruto. Ahora le ha de comer vegetales, ya no placenteramente pero con su sudor o literalmente "con dificultad para respirar." Adán recibe su deseo de comer, pero ahora es con dificultad. Adán, quien probablemente tenía una actitud complaciente (¿Acaso no le permitió a Eva hablar con la serpiente mientras escuchaba?), ahora esta encadenado a las responsabilidades de esclavizarse por su comida y para gobernar sobre su esposa. En este nuevo mundo Adán no puede subsistir meramente arrancando sus comidas de un árbol.

En tercer lugar, Adán regresa al polvo. Por una parte, el polvo es lo que la serpiente ha de comer (3:14). Entonces el hecho de que la serpiente consuma a Adán, su vida y su felicidad, será siempre simbolizado. Por otra parte, el polvo es el lugar de procedencia de Adán. La tierra sobre la cual Adán estaba supuesto a gobernar ahora se convierte en su gobernante. El se convierte en polvo otra vez y pierde su independencia. La maldición de Adán al ser de la tierra y aun así subversivamente regresar a ella es paralela a la maldición de Eva al ser de su esposo y subversivamente regresar a él.

La tierra y el hombre fueron el lugar de procedencia de ambos Adán y Eva. Por causa de la caída, los lugares de procedencia gobiernan sus sucesores en vez de servirles. Eva simbólicamente regresa a Adán. Él se convierte a su "deseo" y su gobernante. Adán es impulsado a tratar de gobernar la tierra, pero él es termina siendo gobernado por esta. Todas las relaciones, al igual que la imagen de Dios, se han roto, pero no se han extinguido.

¿Ordeno Dios a Adán a trabajar y a Eva a dar a luz hijos? No, más bien el trabajo de Adán y la crianza de niños de Eva son asumidos. El mandato conjunto de Dios a fructificarse y señorear la tierra antes de la caída no es cambiado de ninguna manera. Sin embargo, la progenie que ahora Eva y Adán desarrollan (niños y vegetales) se hace difícil de producir. En todo caso, el tener hijos y plantar se han convertido en ocupaciones maldecidas.

Más allá de la maldición

Dios creó al hombre y la mujer para compartir en el ministerio y el matrimonio. Se les ordeno compartir tareas y compartir autoridad. Varones y hembras juntos se necesitan para reflejar la imagen de Dios. Eva fue creada para compartir la tarea de Adán como igual y similar a Adán (o como la ayudante que gobierna sobre aquel a quien ella ayuda). Ambos Eva y Adán son totalmente responsables por la caída. El pecado particular de Eva no fue tanto lo que ella valorizo (nutrición, estética, y educación) sino su manera de apoderarse de la sabiduría y tratar de ser igual a Dios. Las maldiciones resultan en un nuevo antagonismo entre cada humano y el material del que fueron creados. De gobernadores llegan a ser siervos. Relaciones armoniosas se convierten en tormentosas. Sin embargo,

¿Podrá la gente de alguna manera ir más allá de las maldiciones? O ¿Deben ser las maldiciones recibidas amorosamente?

En primer lugar, la maldición de Eva fue de desear *su* marido ("*tu* hombre"). Su maldición no dio justificación para que cualquier hombre gobierne una mujer o para que todos los hombres gobiernen las mujeres. Las mujeres que desean que todos los hombres gobiernen sobre ellas amplifican la maldición más allá de sus propias fronteras. Los hombres que escogen gobernar a todas las mujeres no pueden aplicar la maldición de la mujer en Génesis 3:16 como argumento válido. Aun cuando la serpiente extendió y malinterpreto el mandato de Dios a una orden abrumadoramente imposible "No pueden comer de ninguno de los árboles del jardín," lo cual Eva corrigió al decir (al todavía no verdadero) "No puedes comer o tocar el árbol en el medio del jardín," es de modo similar que la gente tergiversa y malinterpreta la maldición de que todos los hombres gobiernen todas las mujeres.

En segundo lugar, la redención de Cristo ha levantado muchos de los efectos de la caída. Después de todo, las personas siguen siendo caracterizadas por vergüenza, independencia, y falta de responsabilidad. La muerte sigue siendo requerida de cada ser humano. Sin embargo, la muerte y resurrección de Jesús pueden salvar del "aguijón" o "victoria" de la muerte a cualquiera que escoja participar. Como el apóstol Pablo tan elocuentemente les dice a los Corintios:

> Y cuando esto corruptible se haya vestido de incorrupción, y esto mortal se haya vestido de inmortalidad, entonces se cumplirá la palabra que está escrita: Sorbida es la muerte en victoria. ¿Dónde está, oh muerte, tu aguijón? ¿Dónde, oh sepulcro, tu victoria?" (1 Co 15:54-5).

"El aguijón de la muerte es el pecado," Pablo agrega. Jesús ha limpiado a todos de las repercusiones eternas tras la desobediencia a Dios por Adán y Eva. La redención de Jesús ha reintroducido además el potencial para la preocupación mutua, interdependencia, y responsabilidad. Los humanos que se arrepienten de su inhabilidad de amar a otros y quienes privadamente y públicamente reconocen que el Jesús resucitado es Dios pueden recibir el poder de convertirse en personas amorosas hacia otros (Ro 10:9-10; Jn 1:12). Un tema constante en el Nuevo Testamento es que la iglesia debe estar unida así como Dios es uno (ej., Jn 17:11-23). Pablo ordena la iglesia de Corinto: "Si un miembro sufre, todos los demás sufren también; y si un miembro recibe atención especial, todos los demás comparten su alegría" (1 Co 12:26). Dios concede dones a cada cristiano para que otros cristianos puedan ser asistidos (1 Co 12:7). La redención de Jesús ciertamente ha eliminado la necesidad de aparecer en vergüenza delante de Dios. Como escribe Juan:

> Porque todo aquel que hace lo malo, aborrece la luz y no viene a la luz, para que sus obras no sean reprendidas. Mas el que practica la verdad viene a la luz, para que sea manifiesto que sus obras son hechas en Dios (Jn 3:20–21).[19]

El mundo no ha regresado y no puede regresar a un estado edénico o de la pre-caída; sin embargo, el sentido esencial de vergüenza ante Dios puede ser eliminado.

Jesús redime no solo la maldición de la humanidad pero la maldición de la naturaleza también. En Edén, un árbol causa muerte. Jesús cuelga en un árbol, cargando el pecado de la humanidad en su cuerpo (1 P 2:24). Cristo redime toda la humanidad de la maldición de la ley, habiéndose hecho maldito porque maldito es aquel que es colgado en un madero (Gl 3:13; Dt 21:23). Ese mismo árbol puede ahora recibir nueva vida. Simbólicamente Jesús ha redimido ese mismo árbol y esa tierra sobre la cual el murió. Por lo tanto, toda la creación así como toda la humanidad gime en dolores de parto esperando por su nueva vida (Ro 8:22).

La redención de Dios efectuada a través de la encarnación es presagiada en la respuesta inmediata de Dios en Edén. Dios trata cada participante en la caída responsablemente. Dios es el primero en cubrir los humanos (Gn 3:21). Dios continua llamando los dos humanos por un nombre, "El Adán" (Gn 3:22). Además, Dios actúa en la igualdad esencial e importancia de la mujer al hombre establecida antes de la creación a través del libro de Génesis. Génesis muestra la preocupación de Dios de establecer un pacto. En la mayoría de los casos la decisión de la mujer es tan importante como la decisión del hombre en determinar el linaje del pacto.[20] Génesis 1–5 recuenta Adán y Eva como adecuados patriarca y matriarca. Génesis 12–25 presentan a Abram y Sarai, en vez de Agar,

---

19. Bill J. Leonard habla elocuentemente contra aplicar las maldiciones a grupos hoy en "Forgiving Eve," *The Christian Century*, Nov. 7, 1984, 1038–40.

20. En el caso de intermatrimonios, interesantemente, solo aquellos niños que son judíos cuyas madres son judías (*m. Kid.* 3:12). Aun en este siglo, un padre judío solo es insuficiente para la inclusión en el Judaísmo, mientras que un padre gentil no niega la reclamación.

como la sucesión necesaria. Los capítulos 25-35 incluyen Isaac y Rebeca; capítulos 37-50, Jacob, Raquel y Lea. En cada enlace mayor en el linaje, la esposa es tan importante como el esposo. Por ejemplo, Dios promete Abram que el hará de él una gran nación. Tal promesa parece ser poco probable cuando Sarai es llevada a Faraón. Pero ella es rescatada (cap. 12). Abram entonces se queja con Dios por no tener hijos y que el heredero de su casa es Eliezer de Damasco, su esclavo (cap. 15). ¿Se convertirá Eliezer el patriarca del linaje mesiánico? No, el heredero tiene que ser de Abraham. Sarai entonces se preocupa porque ella parece no poder tener hijos. Ella tiene Agar, su esclava, y Abraham concibe un hijo, Ismael. Sin embargo, el heredero tiene que ser no solo de Abraham pero también de Sarai. Dios promete que Sarai (ahora Sara) tendrá un hijo (17:15). Los visitantes celestiales de Abraham también repiten que Sara tendrá un hijo en la primavera (18:9-10). Abraham nuevamente toma a Sara donde Abimelec, pero ella es rescatada. Finalmente, en su edad avanzada Sara y Abraham tienen su propio hijo, Isaac (cap. 21). El heredero no podía ser Eliezer o Ismael. Tenía que ser el hijo de Sara y Abraham. (Ver también Is 51:2). Para perpetuar las bendiciones de Dios no solo el varón sino también la hembra son importantes.

Si los actos redentores de Dios levantan los efectos de la muerte, vergüenza, independencia e irresponsabilidad, ¿No será también posible que Adán (y todos los hombres) puedan intentar realizar el trabajo más deleitable y que Eva (y todas las mujeres) puedan tratar de tener hijos más placenteramente? El mensaje central de Eclesiastés está centrado en la recurrente oración: "Es don de Dios que todo hombre coma y beba, y goce el bien de toda su labor" (3:13). El trabajo que una persona realiza y la comida que uno come deben ser placenteros. Si entonces es posible para los hombres tratar de disfrutar su trabajo y desarrollar tecnología para hacerlo aun más placentero, de la misma manera, Eva y todas las mujeres son justificadas en tratar de recobrar sus relaciones de igualdad con sus esposos, y en la cooperación de las técnicas de parto y a través de nueva tecnología aliviar el dolor de su parto para hacer los partos más agradables. Ella también tiene derecho a ir más allá de la maldición. La cruz brilla en dos direcciones: después de la muerte de Jesús y antes de la muerte de Jesús. No debemos ir más allá de la maldición afirmando más de lo que significa. Pero si debemos ir más allá de la maldición para vivir vidas impactadas por la redención de Cristo.

2

El velo rasgado

Enseñanzas y prácticas de Jesús concernientes a las mujeres

"Mujer, hermana, existen algunas cosas las cuales tú no puedes ejecutar tan bien como tu hermano, el hombre; non, nunca podrás. Perdóname si dudo en que algún día puedas producir un gran poeta desde tus sillas, o un Mozart, o un Fidias, o un Miguel Ángel, o un gran filosofo, o un gran académico" Thomas Dequincy, 1847, en "Joan of Arc," *Tait's Magazine.*

SOBRE UNA COLINA, MIRANDO sobre Jerusalén, estaba el blanco y hermoso templo construido por Herodes y sus hijos entre 19 a.C.—64 d.C. El templo fue una de las preocupaciones centrales de Jesús durante su vida en la tierra. La entrada triunfal del Mesías a Jerusalén es primeramente seguida por la purificación del templo. El primer hecho ministerial registrado del joven Jesús ocurre mientras enseñaba en la casa de sus padres (Lc 2:42-49). Los símbolos a los que los templos de Dios han escuchado fueron cumplidos en el Mesías. El santuario no era ante todo un lugar para adorar, más bien, era principalmente un lugar donde Dios habitaba. Dios le dijo a los Israelitas: "Y harán un santuario para mi, y habitaré en medio de ellos" (Ex 25:8). Pablo, también, le dijo a los Corintios: "¿No sabéis que sois templo de Dios, y que el Espíritu de Dios mora en vosotros?" (1 Co 3:16). Juan nos dice que Jesús estaba consciente de cómo su mismo cuerpo representaba el santuario de Dios, Dios habitando entre los humanos: "Destruyan este templo, y en tres días volveré a levantarlo" (Jn 2:19).

La propia estructura del templo de Herodes puede ayudar a cristalizar las prioridades del ministerio de Jesús en la tierra. Con varios atrios conectados por escaleras y puertas presidiendo la entrada al más intimo santuario. Gentiles eran invitados a adorar en el templo en Jerusalén.[1] Sin embargo, ellos no podían ir más allá de su propio atrio. Los hombres y mujeres judíos "puros" podían entrar a través de una puerta hacia el atrio de las mujeres. Las mujeres no podían ir más allá de ese atrio.[2] Los hombres podían continuar hacia el atrio de los Israelitas, pero solo los sacerdotes podían continuar hacia el atrio de los sacerdotes. Solo aquellos sacerdotes que eran seleccionados por lote podían ir al porche y entrar el lugar santo.[3] Tras una cortina esta el lugar santísimo, el cual era entrado solamente una vez al año por el sumo sacerdote luego de un laborioso servicio en el día de la expiación (Yom Kippur). El lugar santísimo era el santuario donde los seres humanos podían encontrarse con su Creador.

Cuando Jesús murió el velo cuidando la entrada hacia el lugar santísimo fue rasgado en dos, desde arriba hasta bajo (Mt 27:51). Ese velo rasgado significa que ahora el Espíritu de Dios no mora más en un lugar sino en un pueblo. El pueblo de Dios se ha convertido en una carpa movible, el santuario de Dios.

A medida que el Espíritu de Dios se mueve fuera del lugar santísimo, la barrera entre el lugar santísimo y el lugar santo es movida hacia atrás. Luego Dios se mueve fuera del lugar santo hacia el atrio de los sacerdotes, eliminando al sacerdote especialmente escogido. Luego, la barrera entre el sacerdote y la persona laica es erradicada a medida que Dios se mueve hacia el atrio de los Israelitas. La barrera entre hombre y mujer es removida a medida que Dios se mueve al atrio de las mujeres. Finalmente, el último portón cae cuando el atrio de los gentiles es alcanzado. El movimiento hacia afuera que el Espíritu realizó desde el lugar más intimo del santuario hacia los atrios periféricos en el templo representa la prioridad que Jesús tenía en la tierra al tratar diferentes grupos de personas.

El velo rasgado significa que los pecados de la humanidad no pueden mantenerles lejos de un Dios santo. La primera prioridad de Jesús

---

1. Filo, por ejemplo, dice: "Y los de otra raza que rinden homenaje a ellos [los judíos] le dan la bienvenida nada menos que a sus compatriotas, mientras aquellos quienes les destruyen o se burlan de ellos, son odiados como sus peores enemigos " *The Embassy to Gaius* XXXI (211).

2. Josefus, *Antiquities* XV. 11.5

3. El templo es descrito en *m. Mid.*

fue permitir a los seres humanos alcanzar nuevamente a su creador directamente pero sin daño a si mismos. Porque la santidad de Dios es como un fuego que destruye todas las impurezas. Cuando en el Éxodo, el Espíritu se movía de la carpa a los periféricos del campo, las personas eran destruidas.[4] La redención de Jesús de la humanidad, sin embargo, se extiende más allá del porche. De la misma manera, la barrera entre el sacerdote y la persona laica ha sido destruida. Todas las personas pueden ahora alcanzar esa santidad anteriormente demandada de un sacerdote en oficio (1 P 2:5-10). Jesús fue ejemplo de todos al pasar sus días con los sacerdotes religiosos y escribas así como con las personas comunes de la tierra que fallaban observar todas las leyes judías sobre rituales de pureza y diezmos. Jesús tocó el pecador y el ritualmente impuro (ej., Lc 7:36-50, Mc 5:25-34). Finalmente, en su vida terrenal, Jesús rompió la barrera entre varones y hembras.

Antes de su muerte, Jesús no rompió la última barrera entre judíos y gentiles, aunque el presagiaba dicha acción en el futuro. Jesús escogió doce entre todos sus discípulos para representar las doce tribus originales de Israel.[5] Aunque Jesús sano gentiles y alabo su fe, durante su vida en la tierra el no enfatizó su entrada a la presencia de Dios. Como le dijo a la mujer gentil de Sirofenicia: "No soy enviado sino a las ovejas perdidas de la casa de Israel" (Mt 15:21-28; Mc 7:25-30). Pablo resalta este hecho en su carta a los Romanos describiendo a Jesús como "siervo de la circuncisión para mostrar la verdad de Dios, para confirmar las promesas hechas a los padres, y para que los gentiles glorifiquen a Dios por su misericordia" (Ro 15:8-9). Aun los setenta-y-dos discípulos registrados por Lucas puede se refiera a los setenta-y-dos ancianos escogidos por Moisés (Nm 11:16) o a los setenta-y-dos miembros del Sanedrín, el consejo gobernante de la vida religiosa judía.[6] El ministerio de Jesús a los judíos no pretendía excluir a los gentiles por siempre, sino simplemente para preparar el camino para su entrada. El cierre del ministerio de Jesús

---

4. Nm 11:1-3; Jn 1:14; Heb 7:20-8:14.

5. Lc 22:28-30; Mt 19:28. Ver también un simbolismo similar entre Essences, *The Scroll of the Rule* VIII (1). Si la elección de Jesús de doce discípulos hombres significa que las mujeres no deben ser líderes en la iglesia, entonces, consistentemente su elección también significa que los gentiles no deben ser líderes en la iglesia. Ver también Aida Besançon Spencer, "Jesus' Treatment of Women in the Gospels," en *Discovering Biblical Equality: Complementarity without Hierarchy,* eds. Ronald W. Pierce y Rebecca Merrill Groothuis (2d ed.; Downers Grove: InterVarsity, 2005), cap. 7.

6. P.e., ver *m. Sanh.* 1:5; Lc 10:1.

le deja enviando a sus discípulos a hacer más discípulos, esta vez de todas las naciones (Mt 28:19).

Durante su vida en la tierra, Jesús retó las prácticas construidas sobre dogmas religiosos que restringían a las mujeres judías de tener plena participación en el ámbito público. La medida en que Jesús rompió las barreras tradicionales judías entre hombres y mujeres no puede ser apreciada a menos que se estudie profundamente el funcionamiento de las leyes judías en la sociedad del primer siglo.

PENSAMIENTO Y PRÁCTICA JUDÍA DEL PRIMER SIGLO

La *Mishná*, una colección de antiguas tradiciones autoritarias rabínicas, indica algunas de las creencias de la corriente del pensamiento religioso judío durante el primer y segundo siglo d.C. *Aboth* 5:21, posiblemente por Samuel el más joven quien era activo en la segunda mitad del primer siglo d.C. dice:

> A los cinco años uno es apto para la Escritura, a los diez años para la Mishna, a los trece para el cumplimiento de los mandamientos, a los quince para el Talmud, a los dieciocho para la cámara de la novia, a los veinte para seguir un llamado, a los treinta para la autoridad.

Aunque a los hombres se les exhortaba a seguir activamente sus formación religiosas, a las mujeres no se les exigía de manera similar. El estudio formal de la Torá normalmente no era oficial se les prohibiera a las mujeres. Rabí Gamaliel enseñó la Torá a su hija, Imma Shalom, esposa del rabí Eliezer ben Hyrcanus (*p.e., b. San 39a*). En el segundo siglo d.C., Beruria, la esposa de rabí Meir, incluso tomó tres años de formación rabínica. Sin embargo, las mujeres educadas en las enseñanzas judías eran inusuales, ya que las mujeres no estaban obligadas a estudiar la ley, estas tampoco recibían merito alguno en estudiarla, y nadie estaba obligado a enseñarles.[7] Ellas estaban exentas de la necesidad de memorizar la Torá. La *Mishná* explica:

---

7. Roslyn Lacks agrega: "La misma estructura de la academia tendía excluir [mujeres]. Académicos frecuentemente viajaban distancias largas para pasar meses y años de estudio con sus mentores y colegas, mientras que las esposas (¿por necesidad?) se quedaban en casa....El ambiente semi-monastico de la academia junto con aquel clima de camaradería en el discurso intelectual esencial para un verdadero agarre del Talmud precluia la participación de mujeres—excepto en raros casos—en debates y decisiones talmúdicos " *Women and Judaism: Myth, History, & Struggle* (Garden City: Doubleday Co., 1980) p. 123.

> La observación de todas las ordenanzas positivas que dependían de la época del año les incumbía a los hombres pero no a las mujeres, y las observaciones de todas las ordenanzas positivas que no dependían de la época del año le incumbían a ambos los hombres y las mujeres *(m. Kidd.* 1:7. Ver también *m. Hag.* 1:1; *m. Sukk.* 2:8).

En otras palabras, las mujeres eran exentas de cualquier requisito que les exigiera dejar su hogar por cualquier periodo de tiempo. Consecuentemente ellas estaban exentas de asistir a la escuela, así como viajar a Jerusalén a las fiestas de Pascua, Pentecostés y Tabernáculos.[8]

El *Talmud de Babilonia* registra una enseñanza por el rabí Aha ben Jacob quien comenta en Éxodo 13:9. Rabí ben Jacob dice:

> La Escritura dice, "y será una señal para ti sobre tu mano, y un memorial entre tus ojos, para que el Torá de el Señor este en tu boca" por lo tanto todo la Torá es comparado con las filacterias. (también ver R. Meir, *b. Kidd.* 34a-35a; cf. *m. Sanh.* 11:3)

Filacterias son pequeñas cajas de cuero con versículos de la Escritura que se llevan en la cabeza y en el brazo izquierdo durante la oración. Una mujer tenía como contraparte una *mezuzah* en el marco de su puerta en la casa. Mujeres, esclavos y menores estaban exentos de llevar filacterias *(m. Ber.* 3:3). La Torá era comparable a las filacterias. Consecuentemente la Torá y las filacterias fueron aplicables solo a personas que viajaban en su vida diaria.

De acuerdo con el pensamiento judío, el desempeño de una buena acción que no es obligatoria tiene *menos* merito que si fuera obligatorio. Por ejemplo, el rabí Hanina dijo: "Aquel que es mandado y lo hace, es más

---

8. Note sin embargo como María se fue de todos modos [Lc 2:41], Nathan Drazin dice que "las muchachas no eran admitidas como alumnas en cualquiera de las escuelas, y las mujeres no eran permitidas como maestras" (p. 128). Ya que las mujeres no eran requeridas estudiar la Torá, entonces la educación obligatoria no era necesaria. Los padres *podían* enseñar una hija destrezas básicas en la casa: lectura (de la Escritura), escritura, oración, y alguna gramática, aritmética, geografía e historia. *History of Jewish Education from 515 B.C.E to 220 C.E. (During the Periods of the Second Commonwealth and the Tannaim).* (Baltimore: Johns Hopkins, 1940). Ver también *m. Ned.* 4:3. Filo habla metafóricamente de "madre, la instrucción en la enseñanza elementa de los sofistas" en contraste con la sabiduría que implica, "larga meditación en la verdad y conocimiento de razón" (*On the Cherubim* III [10]). Aunque la sabiduría él la describe como palabras habladas por Sara y Abraham, él hace alusión a la práctica literal de niñas recibiendo entrenamiento básico (¿de parte de sus madres?) opuesto a las más extensas y avanzadas formas de educación formal recibida por los niños. En *The Embassy to Gaius* XVI (115) Filo explica que los niños son enseñados por padres, tutores, e instructores.

alto de aquel que no es mandado y hace" (*b. 'Abod. Zar.* 3a). ¿Cómo pues pueden las mujeres obtener merito ante Dios? El *Talmud de Babilonia* registra que rabí dijo a rabí Hiyya:

> ¿Como las mujeres ganan merito? Al hacer que sus hijos vayan a las sinagogas para aprender las Escrituras y sus esposos al Beth Hamidrash (etapa de aprendizaje avanzado del talmud luego de los catorce años) para aprender Mishná, y esperando por sus esposos hasta que regresen del Beth Hamidrash (*b. Ber. 17a*).

Las mujeres si asistían a los servicios de sinagogas. Ellas participaban en servicios de adoración y estaban presentes en las salas de oración, "Casa del Libro" o *sabbateion*. Técnicamente las mujeres hasta podían leer las Escrituras en voz alta ante la congregación. No obstante, el *Talmud* registra:

> Nuestros rabinos enseñaron: todos están calificados para estar entre los siete que leen, incluso un menor de edad y una mujer, solo los Sabios dijeron que una mujer no debería leer la Torá por respeto a la congregación (*b. Meg.* 23a).

Sin embargo, ellas no participaban en la "Casa de Estudio" que era llamada *andrón* o "de hombres." En la Casa de Estudio los escribas y discípulos discutían las leyes judías. Aun en la sala de oración las mujeres podían ser separadas de los hombres por algún tipo de barrera o rejas. Por lo menos para el segundo siglo d.C. sino antes, las mujeres puede que se hayan sentado en galerías sobre los lados y en la parte trasera de la sala de oración. El *Talmud Palestino* describe una escena en 116 d.C. donde cuando Trajan destruyó una famosa sinagoga en Alejandría. Luego de haber matado los hombres, Trajan ofreció misericordia a las mujeres al precio de su honor. Ellas respondieron: "Traten a los de arriba como han tratado a los de abajo" (*T.Sukk. V.1*) Aun en la corte de mujeres en el templo de Jerusalén llegó a tener una galería: "para que las mujeres puedan contemplar desde arriba y los hombres desde abajo de manera que no se mezclen" (*m. Mid.* 2:5). Una de las razones para que las mujeres fueran separadas de los hombres durante la adoración en la sinagoga era para hacer más difícil que las mujeres se beneficiaran de la homilía en el servicio. De acuerdo a Deuteronomio 31:12 y Josué 8:35 todas las personas eran exhortadas a atender regularmente la lectura de la ley:

> Harás congregar al pueblo, varones y mujeres y niños, y tus extranjeros que estuvieren en tus ciudades, para que oigan y aprendan, y teman a Jehová vuestro Dios, y cuiden de cumplir todas las palabras de esta ley.

Sin embargo, el *Talmud* explica que mientras los hombres llegaron a aprender la Torá, las mujeres llegaban a escuchar, pero no para estudiar completamente (R. Eleazar b. Azariah, activo al final del primer siglo d.C. (*b. Hag.* 3a).

¿Por qué será que a pesar del claro mandato de las Escrituras, las mujeres eran exentas de la educación formal en cuanto a la ley? La ley rabínica en "ordenanzas positivas que dependían en la época del año" y el carácter fijo de una *mezuzah* resaltan el principio que estas leyes rabínicas fueron construidas para asegurar que las mujeres no fueran animadas a dejar sus hogares. La localidad de mujeres (y esclavos) parece ser la base de la preocupación. El rabí Jeremías explicó que "una mujer generalmente se queda en casa, mientras que un hombre sale a las calles y aprende entendimiento de las personas (hombres)" (*Midrash Rabbah*, Génesis 1. XVIII.1)

Filo, quien especialmente tenía en mente hijas de familias adineradas en Alejandría dijo:

> Mercados y salones de concilios y cortes de leyes y encuentros y reuniones donde un largo número de personas se juntan, y vida al aire libre con un amplio margen para discusión y acción —todos estos son adecuados a los hombres en ambos la guerra y la paz. Las mujeres son mejores adecuadas para la vida en interiores, una vida que nunca se aleja de la casa, donde la puerta de en medio es vista por las doncellas como su límite, y la puerta de afuera por aquellas que han alcanzado su completa adultez. Comunidades organizadas son de dos tipos, la mayor que es llamada ciudades y la menor que es llamada hogares. Ambas de estas tienen sus gobernantes; el gobierno de la mayor es asignado a hombres bajo el nombre del estado, y aquella que es menor, conocida como la administración del hogar, es asignada a las mujeres (*On the Special Laws*, III, cap. 31 [169-170]. Ver también *Flaccus* XI [89]).

Las mujeres eran exentas de aprender la Torá primero porque su rol como amas de casa era visto como primordial y segundo porque la cultura temía la posibilidad de que no fueran castas. Los rabinos estaban en desacuerdo en cuanto a si las mujeres eran capaces de aprender la

Torá. Rabí Eliezer declaró: "No existe sabiduría en la mujer excepto con la rueca" (*b. Yoma 66b*). Rabí José pensó, "las mujeres son de temperamento inestable" y por lo tanto fácilmente sucumben a la tortura (*b. Sabb. 33b*). Y Josefus pensaba que las mujeres no podían ser testigos debido a "la ligereza y temeridad de su sexo" *(Antiquities* IV.8:15 [219]). El más ilustrado rabí Hisda pensó que Dios "dotó a la mujer con más conocimiento (o inteligencia) que el hombre."[9]

Los judíos del primer siglo, como nosotros, también difieren en si las mujeres fueron más fácilmente engañadas que los hombres. Filo explica en *The Embassy of Gaius* que: "los juicios de las mujeres por lo general son más débiles y no aprehenden ninguna concepción mental aparte de lo que sus sentidos perciben" (XL [319]). Filo basado en sus percepciones sobre las mujeres en el principio el señala en *On the Account of the Creation of the World Given by Moses:* "Porque en los seres humanos la mente ocupa el rango del hombre, y las sensaciones el de la mujer" (LIX). Sin embargo, el contemporáneo de Filo, Ben Azzai quería que las mujeres aprendieran la ley de manera que evitaran la decepción:

> Un hombre debe dar a su hija un conocimiento de la ley de manera que si ella tiene que tomar las aguas amargas que sepa que el merito que ella ha adquirido mantendrá su castigo en suspenso (*m. Sot.* 3:4).

Aunque sin presentar algún análisis consistente sobre el carácter esencial de las mujeres, las antiguas leyes judías si presentaron una creencia consistente en la necesidad de las mujeres de estar centradas alrededor de su hogar. Si las mujeres pasaban tiempo en el estudio de la ley, era temido, el cuidado de su hogar sufriría.[10]

Las esposas eran requeridas ellas mismas a mantener la economía del hogar, a menos que tuvieran siervos a quienes dirigir. Por ejemplo, en la *Mishná* una esposa es requerida a cernir harina, hornear pan,

---

9. *b. Nid.* 45b. Asi también R. Eleazar en nombre de R. José b. Zimra, *Midrash Rabbah*, Génesis I. XVIII.1. R. Ishmael b. Kimhith dijo: "Todas mujeres son valientes pero el valor de mi madre excede a todas" *b. Yoma* 47a.

10. Vea también A. Cohen, *Everyman's Talmud* (New York: E.P. Dutton & Co., 1949), p. 159. El carácter de rabí Small, creado por Harry Kemelman, sugiere que aun hoy día las mujeres judías están exentas de mandatos en un tiempo particular debido a que estos mandatos interferirían con su trabajo de administrar el hogar y la familia. El agrega que el centro de la religión judía es el hogar. Es allí donde el día de reposo, la fiesta de Pascua, y demás son celebradas. *Thursday the Rabbi Walked Out* (New York: Fawcett Crest, 1978), pp. 58–59.

lavar ropas, cocinar comida, amamantar su niño, preparar la cama de su esposo, supervisar las celebraciones del día de reposo e hilar lana (*m. Ketub.* 5:5,9). Las mujeres eran entrenadas en artes domesticas, especialmente la costura y el tejido. Aun las jóvenes cuidaban de sus hermanos y hermanas menores.

Las mujeres eran tan íntimamente relacionadas con la casa y quehaceres del hogar que el rabí Judá dijo que "su casa" es un sinónimo de "su esposa" en Levítico 16:6 (*m. Yoma* 1:1). Rabí José, comentando sobre *Yoma* 1:1, orgullosamente agrega que: "Nunca he llamado mi esposa por esa palabra [ej., 'mi esposa'], pero siempre 'mi hogar.'" Aun el cuerpo de una mujer llego a ser percibido como construido para quehaceres del hogar. Rabí Hisda interpreta Génesis 2:22 donde Dios toma la costilla de Adán y "la convierte en una mujer":

> Esto nos enseña que aquel que es Santo, bendecido sea él, formó a Eva en la forma de un almacén. Un almacén es [hecho] ancho abajo y pequeño arriba para que mantenga el producto, así como el vientre de una mujer hecha ancha abajo y pequeña arriba para que pueda contener el embrión" (*b. Erub.* 18a-b).

Secundario a la importancia asociada con el rol de la mujer en el hogar era el temor a la inmoralidad. El judaísmo del primer siglo fue parte de una cultura oriental donde las mujeres participaban poco en la vida pública. La mujer que si tomaba una parte activa en la vida pública estaba en peligro de un cargo de promiscuidad. Rabí Eliezer, quien era activo durante el fin del primer siglo d.C., declaró: "Si algún hombre entrega su hija al conocimiento de la ley es como si le enseñara lujuria" (*m. Sota.* 3:4). ¿Por qué 'lujuria'? Una mujer que conoce la ley se convertirá activa en público y por lo tanto indirectamente invitando avances sexuales. Incluso las mujeres y hombres solteros no eran deseables como maestros de niños porque entonces los rabinos temían que el maestro y el padre del niño terminasen en conductas promiscuas. Cualquier hombre cuyo negocio era con mujeres era avisado que no debía estar solo con mujeres (*m. Kidd.* 4:12–14).

Dos siglos atrás Jesús ben Sirach (ca. 180 a.C.), en Eclesiástico, resumió bien este tema oriental de inmoralidad:

> Una hija es una ansiedad secreta para su padre,
> y la preocupación por ella lo mantiene despierto de noche;

> cuando ella es joven, por miedo a que ella sea demasiado mayor para casarse,
> y cuando es casada, por temor de que ella pueda perder el amor de su esposo;
> cuando ella es virgen, por miedo de que pueda ser seducida
> y resulte embarazada en la casa de su padre,
> cuando ella tiene un esposo, por temor de que ella no se comporte bien,
> y después de casarse, por temor de que ella sea estéril.
> Mantén la mirada sobre una hija testadura,
> o ella le podrá dar a tus enemigos motivo para burlarse,
> haciendo que seas el qué hablar de la ciudad y el refrán entre la gente,
> y te avergüence ante los ojos del mundo.
> No dejes que exponga su belleza a ningún hombre,
> o murmure en las habitaciones de las mujeres.
> Porque de las ropas viene la polilla,
> y de la mujer viene la maldad de las mujeres.
> Es mejor la maldad del hombre que la bondad de la mujer;
> es la mujer la que trae vergüenza y desgracia (42:9-14).[11]

No todo padre judío era como Jesús, el hijo de Sirach. Sin embargo, su actitud no era muy diferente de su último compatriota Egipcio Filo. Ciertamente los judíos en Macedonia e Italia podrían tener una actitud más amable hacia las mujeres. No obstante, el miedo a la inmoralidad en diferentes grados era un elemento constante de la cultura judía.

Una mujer podría divorciarse sin ningún beneficio financiero: "Si ella sale con el cabello suelto, o gira lana en la calle, o habla con cualquier hombre" *(m. Ketub.* 7:6). Si una mujer hablaba con un hombre en la calle se presumía que ella había tenido coito, al menos que se probara lo contrario *(m. Ketub.* 1:8). Rabí Meir quien vivió en la mitad del siglo segundo d.C., dijo, sin embargo, que "la mayoría de los hombres no les importa que sus esposas hablen con sus hermanos y familiares" *(b. Gitt.* 90a).

Normalmente las mujeres no comían con los hombres siempre que había un invitado presente ni era normal que las mujeres sirvieran a los hombres si un niño o un esclavo estaban disponibles.[12] Leonard Swidler comenta:

---

11. Vea también *Testaments of the Twelve Patriarchs* T. Reuben 3:10, 6:2; T. Judá 17:1, T. Issachar 4:4.

12. P.e., *b. Kidd.* 70ª. Las Escenas descritas por Filo presentaban mujeres comiendo con hombres pero en lados diferentes en el salón, *On the Contemplative Life* VIII-IX [68-9].

La misma costumbre persiste en los pueblos de Palestina hoy. Mientras estuve en Israel en 1972 visité varias de casas de Árabes, Cristianos, Drusos y Musulmanes, a la hora de las comidas, y nunca conocí a las esposas, o a ninguna otra mujer; mis amigos tuvieron muchas experiencias similares.[13]

Sin embargo, las costumbres varían dependiendo de la riqueza de la familia y la localidad. La suegra de Simón personalmente sirvió a Jesús y a sus discípulos después de que recuperó su salud. ¿Era esta una práctica que fuera posible en la provincia? Las mujeres si viajaban más libremente en las provincias que en las ciudades. Una mujer respetable trataría de evitar salir durante las horas más ocupadas del día, tal como el medio día. Ellas tenían que sacar agua de los pozos; ellas podrían ayudar a sus esposos a trabajar en los campos, vender aceitunas en sus puertas, algunas veces mantener una tienda, y por supuesto, ellas deberían atender los servicios de adoración (p.e., *m. Ketub.* 5:9, 9:4).

Los judíos ciertamente tenían mujeres gobernantes. La reina Alejandra Salome fue tan renombrada y amada por los fariseos que su reinado en 76–67 a.c. es llamado la "Edad de Oro Farisea." Cuando Jesús era un niño, él habría sabido que Salome, la hermana de Herodes el Grande, gobernó sobre varias ciudades por la costa de Jamnia, Fasaelis, y Azoto.

Probablemente, los discípulos mujeres que siguieron a Jesús viajaron en un grupo, haciendo así posible el parecer respetables (p.e., Mc 15:41; Lc 8:1–3). Sin embargo, la norma para las mujeres era que estuvieran situadas en los alrededores de la casa o en el patio. Las actividades en público deberían hacerse solamente cuando fuera necesario y deberían hacerse con mucho cuidado. En otras palabras, las mujeres respetables no viajaban solas ni con el cabello suelto o sin velo.[14]

Puesto que las mujeres eran usualmente motivadas a permanecer en la casa limitando la posibilidad de promiscuidad y manteniendo la casa en lugar de obtener entrenamiento religioso, entonces su participación en el dominio público fue afectado. José ben Johanan de Jerusalén,

---

13. *Women in Judaism: The Status of Women in Formative Judaism* (Metuchen, N.J.: Scarecrow, 1976), p. 125.

14. P.e., *m. Ketub.* 1:10,7:6, Nm 5:18. En *m. B. Qam.* 8:6 el hombre que soltaba el pelo de una mujer en la calle era multado 400 zuz (o 250 denars). La madre de R. Ishmael b. Kimhith fue recompensada con ver dos sumos sacerdotes en un día porque ella cubrió su pelo aun dentro de su propia casa. Ella dijo: "A lo largo de los días de mi vida las vigas de mi casa no han visto las trenzas de mi pelo," *b. Yoma* 47a.

quien vivió alrededor del año 160 a.C., declaró, "No hables mucho con mujer. Ellos decían esto de la propia mujer de un hombre: ¡Cuanto más de la esposa de su compañero! Por lo tanto los Sabios han dicho: El que habla mucho con mujer trae maldición sobre sí mismo y es negligente en el estudio de la Ley y al final heredará Gehenna."[15] Los hombres eran animados a no conversar demasiado con mujeres porque las mujeres no estaban entrenadas en la Torá. No había asunto más edificante que la ley. Por ejemplo, rabí Hananiah ben Teradion, quien murió en el año 135 d.C. en la revuelta del Bar Cocheba, dijo:

> Si dos se sientan juntos y ninguna palabra de la Ley es hablada entre ellos, es el asiento de los burladores, como está escrito, "No te sientes en la silla de los burladores." Pero si dos se sientan juntos y las palabras de la Ley son habladas entre ellos, la Presencia Divina descansa entre ellos, como está escrito, "Entonces los que temían al Señor hablaron unos con otros: y el Señor los escuchó, y oyó, y un libro de memorias se escribió delante de él, para aquellos que temen al Señor, y que pensaron en su nombre." La Escritura habla aquí de "dos"; ¿donde nosotros aprendemos que si aún uno se sienta y se ocupa a sí mismo en la Ley, el Santísimo, bendito sea él, le otorgará a él un premio? Porque está escrito, "Dejen que se siente solo y mantenga silencio, porque él se lo ha puesto sobre él."[16]

Muchas personas se han referido a la oración diaria de los judíos como una prueba de lo mal vistas que son las mujeres en los ojos de todos los judíos:

> Bendecido sea Él que no me hizo un gentil;
> Bendecido sea Él que no me hizo una mujer;
> Bendecido sea Él que no me hizo un hombre no educado (o un esclavo)
> (Tosefta 7:16–18 en *t. Ber.* 13b o *b. Menah.* 43b).

---

15. *m. 'Abot.* 1:5. La aprendida Beruria en el segundo siglo d.C. en humor se refiere a los dichos de los Sabios. El *Talmud de Babilonia* registra: "Rabí José el Galileo estaba una vez en un viaje cuando conoció a Beruria, '¿Por qué camino,' él le preguntó a ella, 'vamos hacia Lida?'—'Galileo tonto,' ella respondió, acaso los Sabios no te dijeron esto: ¿No debe entrar en mucha conversación con las mujeres? Usted debió haber preguntado: ¿Por donde hacia Lida?'" (*b. 'Erub.* 53b). Ver también *b. Ber.* 43b, *b. Hag.* 5b. R. Eliezer aun declaró que las mujeres no podían tener buenos modales porque ellas no estaban "familiarizadas con la Torá" Kaliah 50b, *The Minor Tractates of the Talmud*.

16. *m. 'Abot* 3:2. *m. Kidd.* 1:10 similarmente lee: "Quien tenga conocimiento de las Escrituras y la *Mishná* y la conducta correcta no caerá pronto en el pecado, pues está escrito, 'cordón de tres dobleces no se rompe pronto.' Pero él que no tiene conocimiento de la Escritura y la *Mishná* y la conducta correcta no tiene parte en el mundo habitable." Vea también *m. Pea.* 1:1.

Sin embargo, la oración de gracias es dada no tanto porque los gentiles, las mujeres y los esclavos son inherentemente inferiores pero porque ellos no están obligados a cumplir con el mandamiento de estudiar la ley. Rabí Judá explica que una mujer está "sin impedimento y no obligación de mantener los mandamientos" *(t. Ber.* 13b). Consecuentemente, un "hombre no educado" sería similar a un gentil, mujer, o esclavo.

En resumen, las mujeres judías no eran motivadas a tener educación superior formal en la ley. Ellas no les era requerido que buscaran entrenamiento religioso ni recibían ningún mérito en estudiar. Más aún, a nadie le era requerido o se le motivaba para enseñarles. Ellas no eran admitidas en las escuelas judías. Aún en el servicio de la sinagoga ellas no estaban para "estudiar completamente." Estas excepciones fueron creadas para las mujeres porque ellas debían de ser primeramente amas de casa y estar protegidas contra la falta de castidad. Consecuentemente, las mujeres eran con frecuencia tratadas como personas que tenían muy poca edificación para compartir en conservación y muy poca preparación para soportar las tentaciones de la vida pública.

LAS ENSEÑANZAS Y PRÁCTICAS DE JESÚS A LA LUZ DE LA CULTURA JUDÍA DEL PRIMER SIGLO

¿Cómo se comparan las enseñanzas y prácticas de Jesús con aquellas de enseñanzas y prácticas de las personas a las que fue y de quienes fue llamado a servir? Aunque Jesús apoyó el cuidado que los judíos tenían según el plan de Dios de las leyes del Antiguo Testamento al cumplirlas en su propia vida, él también criticó fuertemente el mal uso de las leyes de Dios y la adición de muchas otras leyes. Y cuando las enseñanzas de Jesús llegaron a afectar a las mujeres, fueron como para cortar totalmente las espinosas viñas que asfixiaban el viejo árbol. El plan de Dios podía florecer otra vez. Lo que las mujeres podían hacer y las prioridades en sus vidas, Jesús las había restaurado completamente.

La cena y conversación de Jesús con María y Marta se ha convertido en un aspecto común de la cultura popular que San Lucas 10:38-42 ha perdido mucho de su poder original. Al escuchar de María y Marta quizás podemos estar de acuerdo en que, sí, María hizo bien en aprender acerca de las verdades espirituales en vez de realizar los quehaceres de la casa, o quizás podamos probablemente reaccionar y argumentar que Marta ha sido mal entendida. Marta trabajó bien duro para servir a Jesús y a los discípulos y en cambio ha sido pasada por alto y subestimada por la iglesia. Jesús no estaba hablando de ella de manera derogatoria en cuanto a sus quehaceres del hogar. El simplemente estaba comparando metafóricamente una vida de trabajos y una vida de contemplación.

Lucas establece una escena interesante ante el lector:

> Y mientras ellos viajaban [Jesús] entró a cierta villa; y cierta mujer llamada Marta le recibió como invitado. Y ella tenía una hermana llamada María, quien sentándose a los pies del Señor, escuchó su palabra.

"Sentarse a los pies de alguien" por muchas de nosotros evoca recuerdos de la infancia, tales como sentarse alrededor de un adulto o sentarse alrededor de una fogata a escuchar historias. Sin embargo, sentarse a los pies de alguien para un judío del primer siglo (u otra persona anciana) sería un acto que simbolizaba un nivel alto de educación formal. El sentarse a los pies de un rabino era una posición típica de estudiantes rabinos expresando respeto por su rabino. Como dijo José ben Joezer de Zeredah, quien vivió ca. 16 a.C.: "Que tu casa sea lugar de reunión de los Sabios y se sienten en medio del polvo de sus pies y beban sus palabras con sed" (*m. 'Abot* 1:4). Como los maestros se sentaban en un lugar alto para poder enseñar (tal como hizo Jesús en Lc 4:20-21), los estudiantes tenían que sentarse en alfombras en el piso para estar en una posición inferior a la de su maestro. El apóstol Pablo describe su propio aprendizaje rabínico con un lenguaje similar. Él le dijo a un grupo de sus compañeros judíos que él había sido criado en Jerusalén "instruido a los pies de Gamaliel de acuerdo, estrictamente conforme a la ley de nuestros padres" (Hch 22:3).[17] Consecuentemente, Lucas está diciendo indirectamente a sus lectores que María estaba tomando una posición típica de un alumno rabínico, una posición inusual para una mujer y más que todo usualmente desaprobada.

Lucas continúa y describe a Marta:

---

17. S. Safrai agrega: "Sentarse en el piso era poco común, se reservaba para los dolientes y aquellos bajo un castigo. Solo en asambleas públicas o grandes reuniones de estudiantes alrededor de sus rabís las personas se sentaban en alfombras ubicadas en el piso debido a la falta de otros asientos o por respeto del orador." S. Safrai y M. Stern, eds, *The Jewish People in the First Century: Historical Geography, Political History, Social, Cultural and Religious Life and Institutions,* Compendia Rerum Iudaicarum ad Novum Testamentum, Section One (Philadelphia: Fortress, 1976), p. 737. Ver también *b. Mo'ed Katan* 16b.

> [Ella] se sobrecargó (o distrajo) preocupándose mucho por su servicio; y acercándose ella dijo, "Señor, ¿No te preocupa que mi hermana me ha dejado servir sola? Dile pues que me ayude."

Estando María sentada en forma rabínica a los pies del Señor escuchando sus palabras, Marta no solo está trabajando alrededor de la casa pero también se sobrecarga y está mentalmente distraída por todas las cosas que tiene que hacer. Lucas escoge una palabra colorida para describir a Marta. *Perispao* literalmente significa "tiro alrededor" y metafóricamente significa en la voz pasiva "me tiran alrededor." Marta enfatiza en su pregunta que está sola. Naturalmente, se enoja con el Señor ("¿Que no te preocupa?") porque parece como si el Señor no le da mucha importancia a que ella sola lleva tan grande carga. Ella entonces manda a Jesús que le diga a María que le ayude. Aparentemente, Marta no había tenido mucho éxito al mandar a Marta ella misma. Marta no planea relegar todo el trabajo a Maria. Ella emplea *sunantilambanomai*, que significa "ayudo junto a otro." Marta quería que María ayudara juntamente con ella.

¿Cómo puede el rabí Jesús responder ante tal situación? El uso de la palabra *perispao* indica que Marta estaba mentalmente distraída y había permitido que su trabajo la agobiara. Sin embargo, Lucas le dijo al lector que ella había servido *mucho* y que estaba sola. También, Marta permitió que su frustración se convirtiera en ira en contra del Señor y ella inapropiadamente vino a mandarle realizar su capricho. No obstante, la indignación de Marta era perfectamente entendible a la luz de su cultura. El rol principal de una mujer judía era el de ama de casa. Ella estaba exenta de entrenamientos rabínicos y no recibió merito por su aprendizaje de la ley. ¿No debería la petición de Marta de que María le ayudara en su servicio sustituir el deseo de María de aprender?

¿Cómo responde Jesús a la luz de las asunciones educacionales de su tiempo? Jesús pudo haber reprendido a Marta por ser distraída y enojarse y sobre todo pedir que María le ayudase: "No tengo problemas con tu deseo de aprender, María, pero tu primera obligación es el hogar" ¿Qué dijo Jesús?

> Marta, Marta, estas afanada y preocupada por muchas cosas, pero solo una es necesaria; y María ha escogido la mejor parte, la cual no le será quitada.

Jesús utiliza dos palabras descriptivas adicionales para describir a Marta. *Merimnao* literalmente significa "soy movido en diferentes direcciones" y metafóricamente significa "estoy ansioso o excesivamente preocupado." Tal ansiedad no es necesariamente mala. Pablo recomienda Timoteo a los Filipenses como una persona que esta "ansioso" por ellos y anima a los Corintios a ser "ansiosos" los unos con los otros (Flp 2:20; 1 Co 12:25). Aparentemente tal preocupación excesiva es un rasgo deseable si el objeto son las personas, pero de lo contrario no es deseable. Marta no estaba preocupada por el crecimiento espiritual de María, ni tampoco sobre lo que ella misma se había de haber preocupado. La segunda palabra que Jesús uso para describir a Marta es *thorubazo*, que viene de "confusión" y significa "hago ruido, rugido, o perturbación tal como lo haría una multitud." Jesús percibe a Marta como perturbada con cuidados, dirigida en diferentes direcciones, haciendo alboroto en sus problemáticas. Pero su amor por ella es mostrado por la manera cariñosa en la que el repite su nombre y le muestra como él se siente.

Aunque Jesús muestra preocupación por los sentimientos de Marta (él no quiere que ella este ansiosa y perturbada), él declara que María ha escogido la mejor parte, y que su parte no le será quitada. María, no Marta, ha hecho la elección correcta. Y Jesús no permitirá que Marta o ninguna otra persona impida que María aprenda de la misma forma que estudiantes varones hubieran aprendido. Jesús ha revertido completamente las prioridades y consecuencias de aquellas prioridades en la vida judía antigua. No solo Jesús no piensa que las mujeres están exentas del aprendizaje de la Torá, más bien ellas hacen lo mejor en aprender la ley de Dios. Más aun, ¡este nuevo rabino no permitirá que nadie robe este proceso de aprendizaje de aquellos que se sientan bajo sus pies!

Por otra parte, al escoger entre el rol de una mujer en los quehaceres del hogar y el rol de una mujer en la educación, lo cual representaban Marta y María, en contraste con la práctica judía contemporánea, Jesús ha concluido que el rol de una mujer como ama de casa no es primordial. Jesús ha vuelto a aquel orden original en Deuteronomio 31:12 "Hombres, mujeres, niños y extranjeros deben aprender a temer al Señor y hacer todo lo que el Señor mande." El mismo punto es enfatizado en San Lucas 11:27–28. Más bendecidos son aquellas mujeres que escuchan y hacen la palabra de Dios que aquellas que amamantan al más sabio de los maestros. Aparentemente Jesús pensaba que las mujeres recibían más merito al asistir a las escuelas de los rabinos que al enviar los hombres a las escuelas de los rabinos. Por otra parte, en todo su ministerio él constantemente resaltó la importancia de la lealtad a su nombre sobre lealtad a la familia de uno, en caso de que dicha elección necesitaba ser realizada (ej., Lc 12:51–23; 14:26). Así mismo, Jesús no permitió que el temor de la inmoralidad prohibiera mujeres de aprender. Por el contrario, él demandó la más alta castidad de los hombres: "Cualquiera que mira con deseo a una mujer, ya cometió adulterio con ella en su corazón" (Mt 5:28). Jesús estaba asumiendo que las mujeres eran intelectualmente capaces de aprender. (Como su creador, ¡Jesús debía saber!) Ya que Marta tenia "mucho servicio," Marta y María han de haber tenido una gran multitud de discípulos en su casa. Aun así, María esta cara a cara (*pros* es la preposición usada en el verso 39) con Jesús. Ella aparentemente no estaba al final de la multitud.

Si el sistema judío de desanimar a las mujeres de participar en educación formal afectaba la manera en la que las mujeres eran tratadas públicamente, así también el nuevo principio de Jesús de animar a las mujeres a buscar educación religiosa afectó la manera en la que el públicamente les trató. Jesús habló con las mujeres directamente y en público desafiando la costumbre judía. Consecuentemente Juan nos dice que los discípulos de Jesús "se maravillaron" cuando le encontraron hablando con una mujer, la mujer samaritana en el pozo (Jn 4:27). Jesús a menudo habló con las mujeres en público. Ante una gran multitud él le dijo a la viuda de Naín: "No llores" (Lc 7:12–13). El demandó saber quien había sido y que hablara a la mujer que le tocó en la multitud, la mujer que había sangrado por doce años (Lc 8:45). Mientras enseñaba en una sinagoga durante el servicio del día de reposo, el se dirigió, tocó, y sanó una mujer encorvada, una "hija" de Abraham (Lc 13:10-16). Aun mientras estaba a camino a la muerte no dudó en hablarle a las muchas mujeres en la multitud que lamentaban su muerte (Lc 23:27–31).

Por otra parte, Jesús tenía un grupo de discípulas femeninas, quienes, junto con los hombres, le seguían dondequiera que él iba para aprender de él. Los ángeles le recordaron a María Magdalena, Juana, María madre de Jacobo, y Salomé, madre de los hijos de Zebedeo, Santiago y Juan, que ellas eran parte de los discípulos que Jesús había enseñado en Galilea diciéndoles que él seria "entregado en manos de humanos pecadores y crucificado y que al tercer día resucitaría."[18] María mostró conocimiento de las enseñanzas de Jesús sobre su sufrimiento cuando ungió al Mesías

---

18. Lc 24:6-7; 9:22; Mt 17:22-3; Mc 9:30-1. Lori V. Johnson, "Galilean Women Disciples of Jesus: And They Remembered His Words" (ensayo, Gordon-Conwell Theological Seminary, 1983).

"para el día de [su] sepultura" (Jn 12:3-7). Y estas mismas mujeres fueron escogidas por Jesús para ser las primeras testigos de su resurrección. Ellas fueron las primeras en ver la tumba vacía. María Magdalena es la primera persona en ver al Jesús resucitado (Jn 20:11-18), luego las demás mujeres le encuentra (Mt 28:8-10). Luego de estos encuentros, Jesús encuentra a Simón Pedro (Lc 24:34). Cuando Pablo repite la lista de testigos oficiales de la resurrección en 1 Corintios 15:5-8 él menciona específicamente solo los hombres porque de acuerdo con las leyes judías solo ciertos hombres podían testificar oficialmente sobre una persona.[19] La tensión entre las ramificaciones de las buenas nuevas de Jesús y las acomodaciones temporarias necesarias para comunicar esas buenas nuevas ya estaban siendo sentidas. Jesús sin embargo, mostró la consistencia entre su enseñanza y su práctica. Sus discípulos varones fueron confundidos por su consistencia e incluso cuestionaron la fiabilidad de los testigos que el escogió (Lc 24:10-11, 22-24). En cambio, Jesús quería que las mujeres aprendieran a testificar ante otros acerca de las acciones de Dios en la tierra. El quería que estas mujeres que él había enseñado fueran y tomaran posiciones de liderazgo autoritario ellas mismas. Es por esto que ellas fueron elegidas para ser las primeras testigos de esta resurrección.

Las mismas barreras que Jesús había desmantelado fueron reconstruidas después: barreras entre sacerdote y laico, hombre y mujer, judío y gentil. La piel del animal muerto que era la tienda ha venido a ser carne humana viviente. La tienda móvil ha tomado vida. El cuerpo de Cristo, el santuario de Dios, es el pueblo de Dios. Sin embargo, después del tercer siglo d.C., los cristianos empezaron a construir edificios en imitación de aquel viejo templo de mármol. El santuario o "lugar santísimo," se convirtió en el púlpito colocado sobre una terraza por encima de la gente. Ya no se les permitió más a las mujeres o los laicos a entrar a ese "lugar santísimo" y allí escuchar y hablar el mensaje de Dios. El lugar alto vino a estar reservado nuevamente para ciertos machos purificados. El sacerdocio de todos los creyentes se convirtió en el sacerdocio de los hombres nuevamente.[20] Las buenas nuevas para todos se convirtió en las buenas

---

19. *m. Sheb.* 4:1-6. Ver también *m. Ros. Has.* 1:8 y *m. Sanh.* 3:3-5.

20. Aparentemente, el cristianismo oriental tendía a restringir mujeres antes que el occidente. Para el segundo siglo algunos cristianos eran enseñados que eran los profetas y no los laicos quienes eran "sus sacerdotes" (*The Didache* XIII.3). Para el siglo cuarto Crisóstomo, aunque asumiendo que las mujeres podían continuar "en la carrera que los apóstoles y evangelistas corrían" y enseñar, aun una esposa podía enseñar a su

nuevas para los poderosos y los ricos. Las buenas nuevas para las mujeres se convirtieron en las buenas nuevas para los hombres. Hoy algunos seminarios mantiene el antiguo estilo de motivar a los hombre primero, mujeres segundo, o a las mujeres no totalmente para aprender y enseñar. La antipatía entre judío y gentil está frecuentemente con nosotros. Sin embargo, no importa que tan extensa la trate de echar cemento sobre la fundación anterior, ¡el templo vivo crecerá y romperá la imitación!

---

esposo cuando ella se hiciera más sabia que él, no obstante, el a través de la mujer no debía hablar públicamente de la "bema" (una plataforma alta) *(The Epistle to the Romans* XXXI). Hacia el fin del siglo IV sentimientos como los de Crisóstomo comenzaban a aparecer como decisiones en sínodos. El sínodo de Laodicea en Frigia (d.C. 343-81) concluyó, "Las mujeres no deben acercarse al altar" (Canon 44). El supuesto cuarto sínodo de Cartagena (398) concluyó: "Un laico no puede enseñar en la presencia de un clero, excepto a su mandado. Una mujer, sin embargo, estudiada y santa, no debe tomar sobre sí misma el enseñar en asamblea de hombres. Una mujer no puede bautizar" (Canons 98-100). Margaret Howe, Elizabeth Tetlow, y Mary McKenna trazaban algunos de los cambios en el cristianismo que tienden a regresar a su organización desde el sacerdocio de todos los creyentes hasta el líder de la iglesia como sacerdote. E. Margaret Howe, *Women and Church Leadership* (Grand Rapids: Zondervan, 1982), caps. 5-6; Elizabeth M. Tetlow, *Women and Ministry in the New Testament: Called to Serve* (Lanham: University Press of America, 1980); Mary L. McKenna, *Women of the Church: Role and Renewal* (New York: Kenedy, 1967).

3

La oración alterada

Las enseñanzas y prácticas de Pablo concernientes a las mujeres en el ministerio

> Bendecido sea quien no me has creado un gentil, bendecido sea quien no me has creado un hombre ignorante, bendecido sea quien no me has creado una mujer *(Palestinian Talmud Ber.* 136b).

La oración judía hecha tres veces al día es muchas veces la primera introducción de un gentil al estatus de las mujeres judías. Este tipo de oración muestra, sin embargo, como hemos mostrado anteriormente, más un amor por la oportunidad de estudiar la ley en vez de un desprecio hacia los gentiles, esclavos y mujeres. Muchas personas[1] han sugerido que esta oración en particular es la misma oración que Pablo parafrasea y niega en Gálatas 3:27-28:

> Todos los que habéis sido bautizados en Cristo, de Cristo estáis revestidos. Ya no hay judío ni griego; no hay esclavo ni libre; no hay varón ni mujer; porque todos vosotros sois uno en Cristo Jesús.

Sin embargo, no tenemos un ejemplo claro de esta oración judía en el primer siglo. Este ejemplo se encuentra luego en los talmudes de Babilonia y Palestina. La oración no se encuentra en la *Mishná* autorizado

---

1. Wayne A. Meeks también menciona que los griegos hubieran sido agradecidos que fueron nacidos un ser humano y no animal, entonces, un hombre y no mujer, y tercero, un griego y no bárbaro. "The Image of the Androgyne: Some Uses of a Symbol in Earliest Christianity." *History of Religions* 13 (February, 1974): 167.

pero si se encuentra en la *Tosefta*, la *Mishná* que compitió con el anterior pero no ganó ninguna autoridad. Los rabís Judá y Meir se asocian con la bendición. Ellos vivieron durante el segundo siglo después de Cristo. Posiblemente, no obstante, esta oración era casual o no aceptada completamente la cual después fue aceptada en lo corriente de los judíos. O de pronto la oración fue una respuesta judía a la proclamación de Pablo, la cual llegó a ser bien conocida atreves del evangelismo cristiano. En cualquier caso, la secuencia de gentil, ignorante o esclavo, y mujer es similar a la secuencia en Gálatas y en la del *Talmud Palestino*.

UNO PORQUE ESTAMOS REVESTIDOS DE CRISTO: LA TEORÍA

(Gálatas 3:27–28)

La secuencia que Pablo sigue en Gálatas refleja las mismas prioridades de Pablo en el ministerio, así como la organización del templo refleja las prioridades de Jesús en el ministerio. La primera prioridad de Pablo en el ministerio fue ayudar a los judíos y gentiles para que se vieran unos a otros como "Cristo" y de esta forma reconocerse como "uno." Si una persona se reviste con "Cristo," entonces es "Cristo" quien es visto, no el judío o el gentil como tal. Interesantemente, las prioridades de Pablo empiezan donde las de Jesús terminaron. Al final de su vida en la tierra, Jesús retó a sus discípulos a ir y compartir con todos los gentiles. Las barreras fundamentales de Dios-humanidad, sacerdote-laico, hombre-mujer fueron revolcadas. Todas las puertas fueron abiertas, aun las puertas que excluían a los gentiles. El llamado de Pablo fue extender el ministerio del Cristo que vive mas no excluir a las "ovejas perdidas de Israel" a los "perros" salvajes del mundo. Sus segundas y terceras prioridades fueron ayudar al esclavo y al libre, al hombre y a la mujer ser unidos también.

Pablo explica que a él le fue encargado el evangelio de la "incircuncisión" o a los gentiles.[2] Esta clase de convicción no fue inmediata para Pablo. Judíos que tienen la más alta devoción se distinguen a diferencia de sus vecinos gentiles porque observan el día del Sabbat y otros festivales como la Pascua, Tabernáculos, Purim y Hanukkah, por sus restricciones en sus dietas y por la circuncisión. Fariseos, como Pablo, se distinguían de otros judíos por su respeto y obediencia diligente a las reglas de limpieza

---

2. Si la oración de los judíos fue escrita en respuesta de esa oración griega, entonces cambiaron los tres grupos (animal, mujer, bárbaro) a tres grupos humanos que eran exento del estudio de la ley (gentil, esclavo o ignorante, mujer). Sin embargo, los judíos estaban agradecidos que no eran griegos. Las mujeres estaban en ambas listas.

y suciedad y las reglas de los diezmos. Ahora Pablo fue comisionado con las buenas nuevas para los gentiles que el judío y el gentil era uno solo. No hay duda que Pablo pensó profundamente sobre este nuevo llamado durante sus años en Arabia, su entrenamiento teológico que fue impuesto por sí mismo (Gl 1:17). Es más, aun cuando el empezó sus viajes de evangelismo, el siguió los pasos de Jesús y predicó primero a los judíos. Cuando los judíos rechazaron su mensaje, ahí si él y sus compañeros fueron a predicarles a los gentiles.[3]

¿Es posible que aunque Pablo vio a un judío y a un gentil como "uno" y los dos se vestían con el mismo "Cristo," los privilegios de un judío en el área religiosa no tuvieran ninguna implicación social? En otras palabras, ¿Podría Pablo, simplemente haber declarado que el ser judío o ser gentil no le daba ninguna ventaja a el individuo cuando se acercaba a Dios, pero que en la vida social un judío podía y debía de tener ventajas que los gentiles no tenían? ¿Las buenas nuevas de Jesús a los oprimidos son dadas solo en el ambiente espiritual pero no en el terrenal?

En Gálatas 2:11-14 Pablo reprende a Pedro y a Bernabé porque ellos se rehusaban a comer con los gentiles cuando el partido de la circuncisión de los judíos apareció. Pablo no estaba de acuerdo con la inconsistencia de Pedro. Pedro no era un ejemplo de sus propias enseñanzas (v. 14). Los judíos quienes estaban persuadiendo a los gentiles para que siguieran las reglas del ritual de limpieza también estaban equivocados. ¿Son estas prácticas religiosas y *sociales*? Y, ¿Cuál es la razón por la cual Pablo menciona la reprensión? Los judíos y los gentiles estaban justificados por fe en Cristo Jesús (2:15-16). La unidad de los judíos y los gentiles afectó sus prácticas sociales y los requerimientos que tenían uno con el otro.

Es cierto que el llamamiento de Pablo de predicarles a los gentiles tenia implicaciones sociales y políticas para la vida de Pablo. Pablo le predicó a los gentiles y le enseñó las buenas nuevas (Hch 16:14; 17:16f.). Tito, un gentil, llegó a ser igual y un ministro con autoridad al igual que Pablo. Pablo fue continuamente acosado por ambos los judíos y los judíos cristianos, aquellos que hacían parte del grupo de la circuncisión. El judío de Antioquía e Iconio apedrearon a Pablo (Hch 14:19). Aunque Pedro ya había explicado porque los gentiles se habían convertido en seguidores, el grupo de la circuncisión volvió a levantar preocupaciones similares luego

---

3. Ej., Hch 13:44-7; 17:1-2; 18:6-9, 19; 28:17-23.

en Jerusalén delante de Pablo y Bernabé (Hch 11:1-3; 15; 21). Finalmente, la oposición judía hacia Pablo hizo que lo arrestaran en Jerusalén.

Los gentiles no solamente se veían como iguales a los judíos delante Dios, ellos también fueron tratados como iguales a los judíos por los cristianos de la iglesia primitiva. Siempre, la teoría precede la práctica. O, la práctica asume una teoría ya aceptada. La teoría de la justificación por fe crea una igualdad entre el judío y el gentil, esclavo y libre, hombre y mujer que precede la práctica. El transferir la teoría a la práctica requiere tiempo. El ser "uno" en Cristo Jesús no es simplemente una declaración espiritual en vez de una declaración social. Unidad es siempre espiritual y social, porque Dios es un Dios, la iglesia debe ser "una" en unidad, sus miembros deben vivir en harmonía, económicamente y espiritualmente interdependientes, sirviendo los intereses de otros en humildad, así como Jesucristo aun al grado de la muerte.[4] Santiago refuerza la necesidad de que la unidad mental sea una unidad derivada de la experiencia: "Tú crees que hay un solo Dios, y en esto haces bien; pero los demonios también lo creen, y tiemblan de miedo. No seas tonto, y reconoce que si la fe que uno tiene no va acompañada de hechos, es una fe inútil" (Stg 2:19-20).

Pablo pone menos prioridad en erradicar las desigualdades sociales entre los esclavos y las personas libres y los hombres y mujeres que las desigualdades entre los judíos y los gentiles. Sin embargo, el aportó una gran contribución a estos grupos también. Esclavos, al igual que las mujeres, no tenían que aprender la Torá y tampoco podían vestir filacterias *(m. Ber.* 3:3; 7:2). Ellos también no tenían que celebrar la fiesta del Tabernáculos y eran ilegibles como testigos *(m. Sukk.* 2:8; *m. Ros. Has.* 1:8). El especialista y numismático del imperio romano Harold Mattingly dijo:

> El cristianismo no trató de revocar la esclavitud de un solo golpe, pero socavó la base por medio de admitir esclavos en la misma confraternidad religiosa que los amos.[5]

En le contexto inmediato de Gálatas 3:28, Pablo explica una teoría básica de educación: "De manera que la ley ha sido nuestro ayo, para llevarnos a Cristo, a fin de que fuésemos justificados por la fe" (3:24).

---

4. Ej., Jn 17:11, 22-3; Hch 4:32; Ro 12:4-5; 15:5-6; 1 Co 3:8; Ef 2-4; Flp 1:27, 2:2-8.

5. Harold Mattingly, *The Man in the Roman Street* (New York: W. W. Norton, 1966), p. 131.

Pablo usa la palabra *paidagogos* para "instructor." *Paideia* originalmente significó un arte que le pertenecía a los niños. Un *paidagogos* era un esclavo contratado por unos padres ricos para que escoltará su hijo al colegio, conversando con él en griego mientras supervisaba su conducta hasta que el niño(a) llegará a ser adulto. La ley es análoga hacia tal tutor, supervisor, o institutriz. El ser pecador, listo para hacer el mal, es decir el ser humano requiere ser educado y restringido. Si nosotros dejáramos a nuestra institutriz demasiado rápido, entonces pecaríamos porque no estaríamos listos para lidiar con la libertad. No obstante, con la llegada de la fe, Pablo dice, ya no estamos bajo la pedagogía (3:25). ¿Por que no? "Pues todos sois hijos (o descendientes) de Dios por la fe en Cristo Jesús " (3:26). Los adultos ya no necesitan pedagogos. Además, un "hijo" o un "descendiente" es el heredero automáticamente. Fueron pocos los esclavos como el esclavo de Proverbios 17:2 quien "comparte la herencia con los hermanos." Pablo define directamente la imagen de hijos *(huios)* en el verso 26 con la categoría del "heredero" *(kleronomos)*, el descendiente de Abraham (v. 29). Un heredero no es como un esclavo ni como un niño debajo del cuidado de un guardián o un tutor. El heredero que Pablo tiene en mente es un heredero a la posesión de una herencia. Con un heredero de esta clase, el padre no podría haber vendido sus posesiones porque, técnicamente, el hijo seria el dueño *(m. B. Bat* 8:7). Pablo declara que los gentiles, esclavos, mujeres eran ahora también herederos al igual que los judíos, ciudadanos libres y los hombres.

¿Podrían las mujeres llegar a ser herederas en la sociedad judía del primer siglo? Cuando Maala, Noa, Hogla, Milca, y Tirsa, las hijas de Zelofehad, perdieron a su padre, ellas le pidieron a Moisés si podrían heredar las tierras y posesiones del padre. Y Moisés le pregunto al Señor. El Señor le dijo que las mujeres tenían razón: "Cuando alguno muriere sin hijos, traspasaréis su herencia a su hija. Si no tuviere hija, daréis su herencia a sus hermanos" (Nm 27:8-9). El registro de la *Mishná* es casi idéntico en estatuto. Este es el orden de herencia:

> El hijo precede la hija, y todos los niños del hijo preceden la hija;
> la hija precede los hermanos del muerto y los niños de la hija
> preceden los hermanos *(m. B. Bat.* 8:2).

Aun si el padre quisiera, el no podía dejar que su hija herede algo si el padre tiene un hijo, de acuerdo a la *Mishná*: "porque ha dicho una condición contra lo que esta escrito en la ley " *(m. B. Bat.* 8:5). Pero la

Biblia no tiene ningún estatuto de esta clase. Job, en su estado de iluminación, le dio la herencia a sus tres hijas Jemima, Cesia, Keren-hapuc, al igual que sus siete hijos (42:13-14). Rabí Eleazar ben Azariah, quien enseñó al final del primer siglo, explicó la ley delante de los Sabios en el vinero en Jabneh: "Los hijos suceden como herederos y las hijas reciben mantenimiento" *(m. Ketub.* 4:6). Pero no, Pablo declara: ¡Ahora las hijas suceden como herederas también!

¿Que significó ser un heredero durante la vida de Pablo? ¿Cuales eran los derechos de un heredero? Hoy en día, un heredero por su puesto recibiría la herencia. Las hijas de Zelofehad recibieron las tierras de su padre. Los herederos de Cristo reciben la herencia la cual es descrita en Gálatas como el Espíritu, libertad de la ley, la justificación, y el derecho y privilegio de reinar sobre las posesiones de Cristo. Un heredero no solamente recibe la herencia pero también reina sobre tal herencia. El mundo es del Señor y así también los humanos se les ha dado el mundo para que sean mayordomos así como fue en Génesis 1-2.

Pablo repite su metáfora en Gálatas 4:5. El tiempo ha llegado donde las mujeres, los esclavos y los gentiles así también como los hombres, libres y judíos todos han sido "adoptados como hijos o descendientes" *(huiothesis)*. El recibir la adopción en las culturas antiguas no era solamente llegar a tener padres pero también reinar sobre su herencia. El romano Gayo Calígula y su primo Tiberios Gemellus ambos tuvieron el derecho de heredar el reinado de emperador de Tiberios. Gayo había sido adoptado como el nieto de Tiberios mientras que su primo era familiar de Tiberios. Sin embargo, ya que Gayo era mayor y mas agresivo, el obtuvo soberanía más temprano, diciendo, "Ustedes ven que él es aun un niño y necesita guardianes y maestros y tutores" *(paidagogos)*. Aun así, Gayo prometió (falsamente), "Yo seré más que un guardián, un tutor, y un maestro, yo me nombraré para ser su padre y él será mi hijo" (Filo, *The Embassy to Gaius,* IV [26-27]). Aquí, Gayo alude a las mismas prácticas y imágines que Pablo alude. Un niño, no un adulto, necesita una pedagogía. Además, para ser nombrado o adoptado como hijo o descendiente tiene el significado de que este individuo reinará al llegar a ser adulto. Gayo nunca quiso llenar esta clara promesa. Filo explica la mentira de Gayo: "La adopción era una trampa pare asegurar no la soberanía que espiraba, pero la perdida de que lo ya tenía. Y Gayo empezó a conspirar contra su coheredero y socio verdadero" *(Embassy,* V [28]).

Dios usa imágines similares. En Salmo 2:7 el Señor dice, "Tú eres mi hijo; yo te he engendrado hoy." Estas palabras se han cumplido por lo menos dos veces. En el momento en que fueron dichas, estas palabras fueron cumplidas en David. Las mismas palabras se repiten en 2 Samuel 7:14. En ese contexto la frase se refiere claramente al nombramiento de David como rey. Una imagen similar es usada en Salmo 89:26-27. Cuando Dios declara que Dios es el "Padre" de alguien, entonces la persona a la cual Dios se refiere es el "primogénito, el más excelso de los reyes de la tierra." El llegar a ser "el hijo" de alguien es llegar a ser el heredero de esa persona.

En Salmo 2:7 la declaración del Señor también predice el cumplimiento en el futuro de un Mesías y rey perfecto, Jesús. El autor de Hebreos en 1:5 y 5:5 explica que estas palabras fueron cumplidas en Jesús cuando él ascendió a la diestra de la majestad y fue nombrado el sumo sacerdote por toda la eternidad. Pablo también menciona en Hechos 13:33 que en Salmo 2:7 se cumplió la palabra cuando Jesús resucitó de entre los muertos.

Consistentemente con la cláusula "tu eres mi hijo" significa "tu eres mi descendiente y gobernante legítimo sobre todo lo que me pertenece." El ser "adoptado" significa llegar a ser parte de una nueva familia, el recibir la herencia de esa familia, y finalmente el tener soberanía sobre esa familia. Pablo no dijo que los hombres debían de llegar a ser los herederos y gobernantes solamente. Más bien, las mujeres también tenían los mismos derechos de los descendientes. Ellas son herederas gobernantes. Ellas también tienen total soberanía sobre la creación de Dios y también recibirán en totalidad las bendiciones de Dios.

UNO PORQUE OBEDECEMOS A CRISTO: LA PRÁCTICA

(1 Timoteo 2)

Pablo vio las ramificaciones prácticas de la unidad entre el judío y el gentil. ¿El también vio las ramificaciones prácticas de la unidad entre el hombre y la mujer? Muy a menudo estudiantes de la Biblia han tomado una posición dispareja entre las actitudes de Jesús y las de Pablo hacia las mujeres - Jesús el feminista y Pablo el machista. 1 Timoteo 2:11 es probablemente el primario pasaje usada como prueba de la regresión de

Pablo: "La mujer debe aprender con serenidad, con toda sumisión."[6] ¿Ha Pablo ignorado el apoyo de Jesús hacia María y su aprendizaje en una forma rabínica registrado en Lucas 10:38-42? No, Pablo en 1 Timoteo 2:11 está obedeciendo el ejemplo de las órdenes que Jesús ya había dado. Considerando el tiempo en que vivió, y que fue un celoso fariseo, Pablo era radical, como su amo Jesús.

Primera de Timoteo 2:11-15 es parte del capítulo 2. ¿Cuál es la meta de Pablo? El le dice a sus lectores en el versículo 4 que Dios nuestro Salvador "quiere que todos se salven y vengan al conocimiento de la verdad." Un deseo como este no es fácil de satisfacer. En el momento en que 2 Timoteo fue escrito, Pablo usó la misma frase *(eis epignosin aletheias elthein* 3:7) para referirse a "las mujeres débiles" que no podrían obtener conocimiento sobre la verdad. Ellas simplemente aprendían de cualquier persona y se cargaban con sus pecados.

¿Cómo es que Pablo dice que todos llegan al conocimiento de la verdad? Primero que todo, Pablo apura a los que están en Éfeso a orar por todas las personas (2:1-7). Pablo usa cuatro sinónimos diferentes para la oración: la oración por las necesidades *(deesis)*, la oración por la naturaleza sagrada *(proseuche)*, la oración por la intercesión *(enteuxis)* y la oración como acción de gracias *(eucharistia)*. Todas las oraciones múltiples están enfocadas en un solo tema: "para que podamos gozar de una vida tranquila y pacífica, con toda piedad y dignidad" (2:2). "Tranquila y pacífica" es un pleonasmo. Pablo duplica estos dos sinónimos del mismo concepto para hacer énfasis. El llevar una vida "tranquila y pacífica con toda piedad y dignidad" ayuda a todos a acercarnos al conocimiento de la verdad. La oración es el primer paso para llegar a estas metas múltiples.

Antes de que Pablo procediera a discutir la segunda y tercera forma de ayudar a la gente a encontrar el conocimiento de la verdad, él repite y hace énfasis en su propio estatus como apóstol, y como tal, una persona digna de ser obedecida: "Yo fui constituido predicador y apóstol (digo verdad en Cristo, no miento), y maestro de los gentiles en fe y verdad" (2:7; cf. 1:1). Probablemente Pablo hizo énfasis a su nombramiento porque lo que iba a decir podría ser desobedecido fácilmente. Si el primer mandamiento de Pablo tenía que ver con la oración, el segundo mandamiento

---

6. El autor está de acuerdo con el argumento tradicional que el apóstol Pablo escribió 1 Timoteo después de salir del cárcel en Roma d.C. 61-62. Ver Aída Besançon Spencer, "Eve at Ephesus: Should Women Be Ordained as Pastors according to the First Letter to Timothy 2:11-15?" *Journal of the Evangelical Theological Society* 17 (Fall, 1974), 221 n. 2.

tiene que ver con la práctica o la clase de vida que uno debe llevar al orar. ¿Qué clase de comportamiento no es un ejemplo de "una vida tranquila y pacífica, con toda piedad y dignidad"? Cuando hombres oran mientras están enojados o están en un pleito no llevan una vida "pacífica" o "silenciosa." La sinagoga judía en su servicio de alabanza tenia una sección llamada "las oraciones" o "el levantar de las manos." En el servicio de la sinagoga, cualquier persona podía orar, hombres, mujeres, niños y esclavos (m. Ber. 3:3). Pablo no les estaba dando la orden a los hombres de orar solamente. Este tipo de orden seria una contradicción a lo que dice en 1 Corintios 11:5 y sus propias costumbres. Es más, el versículo 9 en 1 Timoteo 2 tiene una elipsis o omisión en "Yo deseo que oran los..." y por esto hace una conexión hacia las exhortaciones a los hombres y las mujeres. Pablo quiere que los hombres oren sin argumentar y, "así mismo," las mujeres deben orar beneficiándose de porte. Pablo asume que los hombres y las mujeres están orando pero cada uno de ellos tiene una práctica incorrecta que remediar.[7] Pablo escribe en una forma similar en el capítulo 3. El verbo principal y el artículo "es necesario que" (el obispo) en el versículo 2, es indispensable para empezar la exhortación de los ministros (o diáconos) en el versículo 8. "Así mismo" *(hosautos)* se usa como una conexión entre las introducciones paralelas en 3:8 y 2:9. Pablo da la orden a los hombres a que oren de cierta manera, sin ira o pleitos. Josefus hace un registro de un ejemplo en su propia vida durante el tempo de oración en el servicio de la sinagoga:

> Estábamos procediendo con el servicio en el tiempo de oración cuando Jesús empezó a interrogarme sobre los muebles y la plata que se había confiscado del palacio, preguntando quién lo tenia *(The Life* 57 [295]).

El pleito entre Josefus y Jesús (no se refiere al Jesús de Nazaret) se convirtió en un pleito algo extensivo. Josefus y Jesús tuvieron replicas de esta clase numerosamente con el resto de adoradores participando. Los hombres cristianos hubieron tenido varios ejemplos como ésta de pleito durante el tiempo de la oración.

---

7. Las cualidades que deben adquirir las mujeres y hombres son similares, en griego son iguales. El obispo debe ser "decoroso" *(kosmios* 3:2) y también la mujer cuando se vista (2:9). Evodia y Síntique en Filipos tienen que ponerse de acuerdo tanto como los hombres orando en Éfeso (Flp 4:2; 1 Ti 2:8).

Cuando las mujeres se adornan inmodestamente y con vestiduras inapropiadas y costosas, ellas en este caso tampoco están llevando vidas "silenciosas." Buenas obras y una vestidura modesta son los mejores atuendos para las mujeres que temen a Dios.[8] La preocupación principal de Pablo, como la preocupación de Dios, era que todas las personas llegaran a la verdad. Las formas en que los cristianos se estaban comportando afectaban directamente la forma en que los demás no cristianos entendían el cristianismo. Ira, pleitos y vestiduras costosas y no modestas no eran parte de una vida "silenciosa" la cual era llamativa a los no cristianos.

Ahora, Pablo habla sobre la tercera forma de ayudar a las personas a llegar a encontrar el conocimiento de la verdad. La práctica del "silencio" tiene dos aspectos. El estilo de vida es importante. Además, las mujeres, en vez de enfocarse demasiado en sus adornos externos, deben participar completamente en la educación. Pablo no dice que las mujeres "pueden aprender" o "deben aprender" o que las mujeres tienen "el derecho de aprender." Las mujeres *tienen* que aprender. Por medio de la implicación, las mujeres tienen que ser instruidas. La palabra *manthano* significa "aprender," pero especialmente por medio del estudio en la escuela rabínica, como en Juan 7:15. Pablo da esta orden a las mujeres, y así también los hombres, no deben simplemente *oír* la verdad pero también deben *estudiarla*. Las mujeres no estaban exentas de aprender las verdades cristianas; de hecho, ellas tenían el requerimiento de aprender estas verdades. La división entre las mujeres y los hombres judíos no eran una división visible en los ojos de Pablo.

Pero Pablo no solamente ordena que las mujeres aprendan, también ordena que la mujeres aprendan en "silencio." Esta frase que se encuentra en los versículos 11 y 12 empieza y termina con la misma frase, literalmente: "una mujer en silencio debe aprender... pero estar en silencio." Si Pablo les daba la orden a las mujeres de aprender, alguien podría oponerse, y él seria revolucionario. Pero como él les dio la orden de aprender "en silencio" entonces él esta tratando a las mujeres como adolescentes. En muchas culturas "aprender en silencio" tiene una connotación derogatoria ya que sugiere una clase de represión dado por un adulto dirigida a un niño o a alguien que se comporta como niño: "¡Cállate y escuche al maestro!" Sin embargo, ¿qué significaba "aprender en silencio" en un

---

8. Ver David Scholer, "Women's Adornment: Some Historical and Hermeneutical Observations on the New Testament Passages," *Daughters of Sarah 6* (January/February, 1980): 3–6.

contexto judío fariseo como en el que estaba Pablo? Silencio, primero que todo, era un atributo positivo para los adultos, hombres como mujeres. Segundo, silencio era, también un atributo positivo para los estudiantes rabínicos. Las palabras de Pablo declaraban a sus amigos judíos que en ese tiempo las mujeres debían de aprender de la misma forma que los estudiantes rabínicos.

Muchas palabras griegas pueden ser traducidas por la forma del sustantivo o verbo de "silencio." *Epistomizo* y *phimoo* pueden significar el silenciar a alguien como castigo o represión. Por ejemplo, Pablo le dice a Tito que es necesario silenciar (*epistomizo*) las personas que les gusta hacer desorden, personas que hablan palabras vacías, los engañosos, especialmente todos aquellos que vienen de los partidarios de la circuncisión, ya que ellos estaban arruinando hogares completos, enseñando lo que no era necesario solo por el hecho de una ganancia deshonesta. Él continua: "Repréndelos duramente, para que sean sanos en su fe y para que no hagan caso de cuentos inventados por los judíos, ni de lo que ordenan los que dan la espalda a la verdad" (Tit 1:13-14). Similarmente, Pedro dice, "ésta es la voluntad de Dios; que, practicando el bien, hagan callar la ignorancia de los insensatos" (1 P 2:15 NVI). Además de esto, cuando el rey en la parábola de Jesús le preguntó como fue que la persona sin una vestidura para el matrimonio pudo entrar, "se quedó callado" (*phimoo*) (Mt 22:12). La *Mishná*, también menciona varias blasfemias por las cuales una persona es "silenciada" (*m. Meg.* 4:9; *m. Ber.* 5:3). Aunque esta clase de "silencio" a largo plazo edificaría al que estaba engañando y al que estaba siendo engañado, Pablo no habla de esta clase de silencio en 1 Timoteo 2.[9]

En 1 Timoteo 2:11-12, Pablo usa el sustantivo *hesuchia*. El adjetivo de este es quizás relacionado a *hemai*, "sentarse."[10] El verbo *hesuchazo* significa "Estoy en silencio, descanso, o dejo de trabajar." En cada ejemplo en el Nuevo Testamento este silencio es apropiado, o, usualmente, la respuesta o estado ideal. En 1 Timoteo 2:2, 1 Tesalonicenses 4:11 y 2 Tesalonicenses 3:12 todas las personas fueron exhortadas a vivir "una vida tranquila y *pacífica*, con toda piedad y dignidad" (1 Ti 2:2). Pablo exhorta a los Tesalonicenses a trabajar en quietud y no chismosear. Así como Jesús en el segundo siglo antes de Cristo, el hijo de Sirach, explicó

---

9. Cf. *m. Sanh.* 8:5.
10. Thayer, p. 281.

que cualquier persona que le presta atención a la conversación sobre otras personas "nunca encontrará descanso ni vivirá en silencio" (28:16). La meta de esta clase de "vida silenciosa" no era disminuir la polución producida por la bulla. La meta de "una vida silenciosa" era aumentar el respeto de los no cristianos y de esta manera animarlos a convertirse.

El silencio puede o no tener algo que ver con no hablar. *Hesuchia* tiene una connotación de respeto de parte de la audiencia. También, tiene una connotación de falta de desacuerdo. Una audiencia en "silencio" es una audiencia convencida. Es verdad que el hecho de que un grupo de personas sea silenciado no significa que han sido convencidos. El uso que Lucas le da "al silencio" para describir a los líderes religiosos en Lucas 14:4–6 se refiere a las personas que están silenciosas simplemente porque no son capases de estar en desacuerdo. Pero si pudieran estarlo lo harían.[11] Otra fuera de esta referencia, a la forma del verbo de *hesuchia*, esta palabra tiene la connotación en el Nuevo Testamento no solo de no poder estar en desacuerdo pero también de no querer estar en desacuerdo. Por ejemplo, después de escuchar la defensa de Pedro, el partido de la circuncisión fue "silenciada" y glorificaron a Dios diciendo, '¡De manera que también a los gentiles ha dado Dios arrepentimiento para vida!" (Hch 11:18). Ellos estaban convencidos-por lo menos algunos. Además, su "silencio" no tenia nada que ver con falta de hablar. También, cuando Pablo no podía ser persuadido a no ir a Jerusalén, Lucas dice, "Nos callamos, diciendo: Que se haga la voluntad del Señor" (Hch. 21:14 BA). Los compañeros de Pablo no estaban de acuerdo con sus planes. Su "silencio" es demostrado por sus palabras de acuerdo. Lucas usa dos palabras diferentes para "silencio" en Hechos 21:40-22:2. Primero, Pablo mueve su mano y la multitud guarda silencio. Lucas usa *sige*. La gente dejó de hablar para poder escuchar las palabras que Pablo estaba diciendo. Después cuando Pablo se dirigió a la multitud en Hebreo, todos fueron "silenciados" *(hesuchia)*. Ahora, a la quietud se le añadió el respeto.

El silencio es un estado de ser y una forma de vivir que tiene gran valor para Dios. En Proverbios 15:15, el escritor dice en la traducción septuaginta, 'los ojos de los malvados están siempre buscando las cosas malas; pero la persona buena siempre esta *callado*." Además, el Señor declara en Isaías: "¿Quien es la persona que yo respeto? Es: "Aquel que es pobre y *humilde* (silencioso), y que tiembla a mi palabra" (66:2 LXX).

---

11. San Marcos usa el sinónimo más neutral *siopao* en Mc 3:4.

Por esta razón Moisés le dice a la gente: "Jehová peleará por vosotros, y vosotros estaréis *tranquilos*" *(sigao)* (Ex 14:14). Pedro usa el adjetivo *hesuchios* para describir el adorno interno de una mujer, el cual es preferible a un adorno externo (1 P 3:4). El respeto y el sentido de convicción en la palabra es muy aparente en San Lucas 23:56. Las mujeres discípulos de Jesús prepararon aceites para su cuerpo pero no los usaron por que ellas "eran silencioso el sábado." "Silencioso" es un sinónimo para "descanso."

Consecuentemente, cuando Pablo ordena a las mujeres a aprender en silencio, él esta ordenándoles a ser estudiantes que respetan y afirman las convicciones de sus maestros. "Con toda sumisión" es un sinónimo de "silencio" en este caso. Pablo no exhorta a las mujeres siempre a ser sumisas a los hombres. En vez, "con toda sumisión," así como "en silencio" modifica la manera en que las mujeres deben aprender. Las mujeres no han sido silenciadas como castigo pero más bien han sido silenciadas por convicción porque sus maestros son dignos de respeto.

Este tipo de comportamiento era apropiado para todos los estudiantes rabínicos y todas las personas sabias. Simón, hijo de rabí Gamaliel (el profesor de Pablo), comenta:

> Toda mi vida he vivido entre los Sabios y no he encontrado nada mejor para una persona que el silencio; y no es la exposición de la ley que es lo más importante pero el hecho de la ley; y la persona que habla demasiado hace oportunidad para pecar *(m. 'Abot* 1:17).

El rabí Akiba, quien nació cerca del año 50 después de Cristo dijo, "La tradición es una cerca alrededor de la ley; el diezmo es una cerca alrededor de la riqueza; la promesa solemne es una cerca alrededor de la abstinencia; una cerca alrededor de la sabiduría es el silencio" *(m. 'Abot* 3:14). ¿Qué quería decir el con "la cerca"? Así como las tradiciones orales debían de proteger la puridad de la ley de Dios, también el silencio debía de proteger la sabiduría. El mismo tratado en la *Mishná* tiene un registro de que es más importante el aprender la ley que aprender para ser un sacerdote o rey porque estudio en la ley necesita más atributos positivos, cuarenta y ocho "excelencias." Los que aprenden pueden "hacer la cerca alrededor de sus palabras" *(m. 'Abot* 6:6), o vigilar lo que dicen. Pablo también sabia los atributos positivos que vienen con aprender la ley. Ya que son atributos bíblicos (ej, Sal 119), él estaba encomendándoselos a las mujeres por que ellas también estaban en la posición de estudiantes rabínicos.

Los estudiantes debían guardar silencio. Los profesores y todos aquellos que eran sabios también debían guardar silencio. Las siete marcas de los sabios todas tienen que ver con el uso de las palabras. Dos de esas características son que la persona sabia "no es apresurado en responder" y "pregunta lo que es pertinente" (*m. 'Abot* 5:7). El rabí Shammai, un contemporáneo de Hillel, dijo "Haga el estudio de la ley un costumbre regular: diga poco y hace mucho, y recibe a todos con alegría:" (*m. 'Abot* 1:15). El rabí Judá preguntaba:

> Que significa el verso, "¿el silencio tuyo es alabanza"? La mejor medicina de todas es el silencio. Cuando vino rabí Dimi, dijo: "En el oeste dicen: una palabra vale una *sela*," silencio dos *sela*'s" (*b. Meg.* 18a).

El rabí Isaac también preguntaba:

> Que significa el verso, ¿En silencio habla justicia; juzga con justicia al ser humano"? ¿Qué debe seguir el ser humano en esta vida? Debe ser silencioso. ¿Debe ser silente respecto a las palabras de la Torá? Por eso dice, "Hable justicia" (*b. Hul* 89a).

Rabí Huna también repitió lo que el rabí Meir dijo:

> Debemos no hablar mucho cuando hablamos a Dios Santo, bendito sea, porque dice, "No te des prisa a abrir tu boca, ni tu corazón se apresure a proferir palabra delante de Dios, porque Dios está en el cielo, y tú sobre la tierra. Sean, por tanto, pocas tus palabras" (b. Ber. 61a).

Antes, durante, y después del tiempo de Pablo, los rabís todos estaban de acuerdo que el silencio era un atributo admirable en un erudito piadoso. El rabí Abbahu anima al rabí Judá a encontrar una esposa para su hijo yendo en busca de "las pacíficas," literalmente, "las silenciosas." Él añade, "Los de Palestina hacen una prueba: cuando dos disputan, miran a ver cual se guarda silencio primero y dicen, 'éste es de nacimiento superior'" (*b. Kidd.* 71b). Aun en la comunidad Qumran, la preservación del silencio es crucial. Una persona debe ser excomulgada antes de ser permitido de permanecer en la comunidad "porque su silencio es violado por confusión de maldad y contaminación están escondido adentro su quietud" (*The Scroll of the Rule* III. 2–3). Filo, el helenístico, encontró el silencio algo valioso. Cuando un judío en la corte era acusado por un juez romano, Filo dijo, el debe permanecer en silencio *(siopao)*:

> Porque el silencio también puede servir como defensa, en particular a nosotros que no pudimos responder a los propósitos que Gayo estaba investigando porque nuestros costumbres y leyes imponieron silencio y cerraron la boca (*The Embassy to Gaius* XLIV [360]).

Los judíos antiguos estimaban el silencio como un estado de calma, la habilidad de refrenarse en el tiempo apropiado, el respeto, y el estar de acuerdo con la afirmación de un orador o una oradora porque la Biblia estima esta clase de silencio. Ellos han aludido a varias partes en el Antiguo Testamento. Proverbios 11:12, por ejemplo, dice, "El que carece de entendimiento menosprecia a su prójimo; mas el hombre prudente calla." Proverbios 17:27-28 repite que:

> El que ahorra sus palabras tiene sabiduría; de espíritu prudente es el hombre entendido. Aun el necio, cuando calla, es contado por sabio; el que cierra sus labios es entendido.

Por consiguiente, los rabís concluyeron que "El silencio es mejor para el sabio, y aun más para los bobos" (*b. Pesah* 99a). En el Nuevo Testamento, el sabio Santiago también exhorta al cristiano a ser "tardo para hablar" (Stg 1:19BA).

¿Por qué nosotros en los tiempos modernos hemos dado por alto esta evidencia positiva tan importante acerca del silencio? Y, ¿Por qué no hemos visto las exhortaciones de Pablo hacia las mujeres en 1 Timoteo 2:11 como arrolladoramente positivas? Pablo trataba a las mujeres en Éfeso como estudiantes sabias, personas de nacimiento superior. Hemos dado por alto esas connotaciones porque tenemos una visión no bíblica del silencio y tenemos una expectativa de la idea de la mujer negativa. No podemos percibir las demandas radicales de la Biblia que entrenan a los hombres y mujeres en el conocimiento completo de la verdad de Dios.

¿Estas connotaciones de la palabra "silencio" también fueron dadas por alto por la iglesia primitiva? El *Didache*, el cual fue escrito probablemente en el segundo siglo, exhorta a todos los creyentes a estar "quietos" (*hesuchios*) y buenos (III.8). Ignatius, el tercer obispo de Antioquía en Siria, quien murió alrededor de d.C. 108 durante el reino del emperador romano Trajan, tenía un punto de vista tan alto sobre el silencio que él le dijo a los Efesios que el silencio era una característica de un líder, un obispo, un maestro, porque el silencio viene de Jesús:

Y lo más que ven que el obispo es silente (*sigao*), lo más deben respetarlo (VI.1)...Es mejor ser silencioso (*siopao*) y ser genuino, que hablar y ser no genuino. El enseñar es bueno, si el maestro hace lo que dice. Entonces hay un maestro quien "habló y vino a pasar," y lo que ha hecho en silencio es digno del Padre. Él que tiene la palabra de Jesús también puede oír su silencio (*hesuchia*), que puede ser perfecto, que puede actuar por el hablar, y se puede entender por su silencio *(sige)* (XV. 1-2, *To the Ephesians*).

Clemente de Alejandría *(ca.* 150-220) también ve el silencio como una virtud para los hombres y mujeres:

> Mujeres y hombres deben ir a la iglesia vestidos decentemente, caminando, abrazando al silencio, siendo dueños del amor, puro en cuerpo, puro en corazón, lisos para orar a Dios *(Paedagogus,* Bk III.11).

Así como Jesús, Pablo asumió dos presuposiciones radicales sobre las mujeres. Primero, en vez de simplemente oír, ellas debían de aprender formalmente y "en silencio" como los hombres. Segundo, por implicación, sus papeles como amas de casa no llenaba la suma prioridad por la cual fueron creadas. Las exhortaciones de Pablo contradecían las costumbres de la comunidad judía en el primer siglo, la cual no promovía la educación para las mujeres ya que su papel como amas de casa tendría menos prioridad. Pablo estaba igualando la relación entre los hombres y mujeres. Las mujeres, como los hombres, tenían que aprender. Los hombres, como las mujeres, se deben preocuparse por sus hijos (1 Ti 3:4–5, 12; 5:14; Tit 1:6; 2:4). Pablo pone un énfasis alto en la prioridad de ser un buen gobernador del hogar. Sin embargo, las mujeres ya no deben ser restringidas más a nivel educativo a causa de sus responsabilidades en el hogar. La gente vive una vida "silenciosa" y llega a conocer la verdad cuando son instruidos correctamente en la verdad.

Es claro que algunas clases de enseñanzas no ortodoxas estaban ocurriendo en Éfeso lo cual significa que también ocurrió aprendizaje no ortodoxo. El propósito principal que Pablo tenía con su carta era asistir a la iglesia la cual estaba sufriendo de enseñanzas no ortodoxas. Antes de que Pablo fuera tomado preso en Jerusalén, el advirtió a los ancianos:

> Sé que cuando yo me vaya vendrán otros que, como lobos feroces, querrán acabar con la iglesia. Aun entre ustedes mismos se levantarán algunos que enseñaran mentiras para que los creyentes los sigan (Hch 20:29–30).

Y de verdad el conocimiento de Pablo es correcto. Pablo había apurado a Timoteo a que se mantuviera en Éfeso por esta misma razón:

> Para que instruyeras a algunos que no enseñaran doctrinas extrañas *(heterodidaskalo)*, ni prestaran atención a mitos y genealogías interminables, lo que da lugar a discusiones inútiles en vez de hacer avanzar el plan de Dios que es por fe (1 Ti 1:3-4 BA).

Ciertas personas ya se habían apartado perseguían la "vana palabrería, queriendo ser doctores de la ley *(nomodidaskaloi)*, sin entender ni lo que hablan ni lo que afirman" (1 Ti 1:6-7). Palabras para "enseñar" *(didasko)* y "hablar" ya han ocurrido varias veces en el primer párrafo.

La larga lista de las costumbres en contra la ley en 1:8-10 Pablo expresa de forma diferente con las palabras "se oponga a la sana doctrina" *(didaskalia,* 1:10). La iglesia, Pablo dice, es la "sostén de la verdad" (3:15) aun como Timoteo quien es el "verdadero" hijo de Pablo en la fe (1:2). Si Pablo era detenido, su carta debía de ayudar a los miembros de la iglesia a saber como comportarse. En el capítulo 4, Pablo repite lo que el le dijo a los ancianos: "Pero el Espíritu dice claramente que en los postreros tiempos algunos apostatarán de la fe, escuchando a espíritus engañadores y a doctrinas *(didaskalia)* de demonios" (4:1). Ministros buenos, a comparación de esta otra gente, se alimentan de las palabras de la fe y las buenas enseñanzas *(didaskalia)*, las cuales ellos siguieron (4:6). Un buen ministro no tiene nada que ver con "las fábulas profanas y de viejas" (4:7). Pablo concluye con esta breve exhortación hacia Timoteo:

> Ten cuidado de ti mismo y de lo que enseñas a otros, y sigue firme en todo. Si lo haces así, te salvarás a ti mismo y salvarás también a los que te escuchan (4:16).

La situación en Éfeso era claramente peligrosa si aun Timoteo, el evangelista, y compañero de trabajo, tuvo que tener mucha precaución para evitar sucumbir.

En el capitulo seis, Pablo exhorta a Timoteo "esto enseña *(didasko)* y exhorta." Pablo estima bajamente a cualquier persona que "enseña algo diferente *(heterodidaskalo)* y no está de acuerdo con palabras sanas, las de nuestro Señor Jesucristo, y la enseñanza *(didaskalia)* de acuerdo con la piedad" (6:2-3). Pablo concluye su carta repitiendo lo que dijo en 4:16-17:

> Timoteo, cuida bien lo que se te ha confiado. No escuches palabrerías mundanas y vacías, ni los argumentos que opone el

falsamente llamado conocimiento de la verdad; pues algunos que profesan esa clase de conocimiento, se han desviado de la fe (6:20-21).

Una forma de la palabra "enseñar" *(didasko)* ocurre dieciséis veces en 1 Timoteo y ocho veces en 2 Timoteo.[12] De las veintitrés veces que este sustantivo *didaskalia* ("enseñar" o "doctrina") aparece en el Nuevo Testamento, dos tercios de ellos están en 1 y 2 Timoteo.

La doctrina "diferente" o poco ortodoxa en Éfeso tiene cuatro características principales. Pablo resalta su énfasis en batallas de palabras, estado de perdición, ley, y riqueza. Las enseñanzas no son saludables ni buenas. Son mitos, genealogías sin fin, discusiones sin que no dan ningún fruto, conversaciones que llevan a la perdición, especulaciones y contradicciones. Por ejemplo, durante el tiempo de la oración, los hombres estaban en pleito y discutiendo (2:8). Estas enseñanzas también eran demoníacas. "Conocimiento falso" es un resumen apto (6:20). Estas batallas verbales resultan en envidia, conflictos, blasfemia, malas conjeturas y irritaciones constantes. Especialmente dos áreas de la vida cotidiana fueron afectadas, la libertad y las finanzas. Los maestros enfatizaron el legalismo. Ellos usaron la ley indebidamente aplicándola a todas las personas (1:7-8), mientras que ellos mismos vivían en medio de riquezas (6:3-10). Posiblemente las enseñanzas ascéticas que prohibían el matrimonio y afirmaban la abstinencia de comida mencionadas en 4:1-4 son aspectos de estas enseñanzas legales. Al mismo tiempo, aunque en Éfeso se enfatizaban las enseñanzas ascéticas, riquezas extremas también eran un problema serio.

Las mujeres estaban involucradas en todos los aspectos de los problemas en Éfeso. En 1 y 2 Timoteo las personas que engañan son descritas en términos genéricos: "algunos" (1 Ti 1:6), "esos" (2 Ti 3:5), o "gente" (2 Ti 3:8). Las viudas jóvenes participaron en chismoseo no necesario y tampoco saludable, entregándose a las riquezas y buscando lo demoniaco (1 Ti 5:6,13, 15; 2 Ti 3:6). Las mujeres estaban usando adornos que solo aquellos que eran ricos podían comprar (2:9). Aun los mismos mitos fueron llamados leyendas de mujeres "viejas" *(graodes* 4:7). Probablemente, las mujeres estaban esparciendo estas doctrinas poco ortodoxas mientras visitaban de casa en casa, cuando podrían haber estado enseñando

---

12. 1 Ti 1:3,7,10; 2:7,12; 3:2; 4:1,6,11,13,16; 5:17; 6:1-3; 2 Ti 1:11; 2:2,24; 3:10,16; 4:2-3.

doctrinas sanas u orando por el avance del reino de Dios. Las enseñanzas poco ortodoxas o diferentes eran una parte prominente de los problemas particulares en Éfeso. Por consiguiente, las enseñanzas ortodoxas eran necesarias para corregirlos.

Aun así las mujeres aprendieron mas no fueron las maestras de enseñanzas sanas. Pablo ordena: "Que aprenda la mujer con serenidad, con toda sumisión, pero no estoy permitiendo que la mujer enseñe ni domine al hombre, pero debe mantenerse con serenidad" (2:11-12). El aprender en silencio era un privilegio y un cambio radical para las mujeres. Ellas necesitaban este tipo de conocimiento ya que anteriormente, no habían sido animadas a perseguir el entrenamiento teológico. Ya que las mujeres no estaban tan preparadas para aguantar enseñanzas heréticas, Pablo las trata en esos tiempos como menos responsables. Ellas eran desobedientes porque fueron engañadas. Pablo explica como el mismo había perseguido la iglesia por su propia ignorancia (1 Ti 1:13). Las mujeres necesitaban ser enseñadas como estudiantes rabínicas *(manthano)*. En comparación a esto, ¡los hombres como Himeneo y Alejandro fueron enseñados y disciplinados *(paideuo)* por Satanás como niños rebeldes (1:20)! Filo de Alejandría, cuando discute Génesis 30:36, explica el principio que Pablo esta usando con las mujeres. Un error puede venir de "el mal pecador" o "ignorancia no instruida":

> La ignorancia es una condición involuntaria, una cosa no significante, y su tratamiento por la enseñanza no es desesperanzado. Pero la maldad es una enfermedad de la voluntad y para sacarlo es difícil, aun desesperanzado. (*The Sacrifices of Abel and Cain* XI [48]). Ver también *On Rewards and Punishments* VIII [49], "para educar a alguien sin fe es difícil o casi imposible."

Las mujeres estaban engañadas por causa de su "ignorancia no instruida." Ellas estaban enredadas en una situación destructiva rodeada de diferentes doctrinas que eran muy atractivas pero peligrosas. Las mujeres están aprendiendo doctrinas poco ortodoxas y probablemente propagándolas también. No es ninguna sorpresa entonces porque Pablo ordena que ellas aprendan pero no tengan permiso de enseñar.

Pablo no ordena a las mujeres a dejar de enseñar. El usa el presente de la primera persona indicativo activo para "dejar" o "permitir." El tiempo presente principalmente en griego denota una acción continua en el presente. Puede referirse a una necesidad en el presente o una obligación y una acción potencialmente.[13] El griego tiene su propio modo imperativo el cual no es empleado aquí. Las órdenes también pueden ser dichas en el aoristo o en el futuro indicativo. Ninguno de estos tiempos es usado aquí. Pablo tampoco usa el tiempo perfecto para denotar una acción en el pasado la cual ha cambiado algo. Pablo esta diciendo: "No estoy ahora mismo dejando que una mujer enseña." De alguna manera, la traducción usual "no permito" aparece como igual a o con más fuerza que "la mujer aprenda." Sin embargo, en realidad "debe aprender" es una orden; "yo no dejo" es la acción en el presente.

¿Por qué es que "aprender" es una orden, pero "dejar enseñar" es una acción en el presente? Versículos 11 y 12 son una oración en el griego original juntados con la partícula adversativa *de*, la cual significa "pero, sin embargo, aun así, por otra parte." Pablo estaba diciendo, "Mando que una mujer aprende, no obstante, no la dejo enseñar." Él indica que hay dos instrucciones que son de alguna forma contradictorias. Si alguien aprende, por fin enseñará. Pablo asume la realidad en 2 Timoteo 2:2: "encomiéndalo a creyentes (no hombres) dignos de confianza, que a su vez estén capacitados para enseñar a otros" (NVI). El autor de Hebreos reprende a los que lo escuchan diciendo:

> Tenemos mucho que decir sobre este asunto, pero es difícil explicarlo, porque ustedes son lentos para entender. Al cabo de tanto tiempo, ustedes ya deberían ser maestros; en cambio, necesitan que se les expliquen de nuevo las cosas más sencillas de las enseñanzas de Dios. Han vuelto a ser tan débiles que, en vez de comida sólida, tienen que tomar leche (5:11–14).

Los rabís también enseñaron que uno de los requerimientos de un buen estudiante era alguien que "aprendía para enseñar y aprendía para practicar" (*m. ʾAbot* 6:6). Rabí Judá dijo, cuando comentaba sobre la *Mishná Kiddushin* 1:7, "Nuestros rabís enseñaron: el padre, en cuanto al hijo, tiene que circuncidar, redimir, enseñar la Torá, buscarle una esposa, y enseñarle un oficio." Las madres están exentas de tener esta clase de obligación. Él sigue más adelante a preguntar:

> ¿Cómo sabemos que la madre no tiene obligación para enseñar sus hijos? . . . cualquiera que es ordenada a estudiar es ordenada a enseñar; cualquiera que no es ordenada a estudiar, no es ordenada

---

13. Pablo usa el presente indicativo también en la misma manera en Ro 16:17, Flp 4:2, y 1 Ti 2:1, 8.

a enseñar. ...¿Cómo sabemos que otros no están ordenados a enseñarla? —Porque está escrito, "Y las enseñareis a vuestros hijos" (Dt 11:19) —pero no vuestras hijas *(b. Kidd.* 29a-b).

En otras palabras, el aprender y el enseñar están entrelazados.

Le sustantivo *didaskalos* implica que un maestro(a) que es apto. Este maestro(a) tiene la influencia primordial en el intelecto. A diferencia de esto, el verbo *noutheteo* implica una enseñanza que afecta la voluntad y disposición. Las mujeres de Éfeso tenían que aprender pero no estaban listas para enseñar. Pablo quería refrenar a las mujeres de enseñar hasta que ellas mismas fueran enseñadas.

Las mujeres tampoco iban a dominar sobre los hombres (o, literalmente, una mujer sobre un hombre). El verbo *authentein* solamente se encuentra aquí en la Biblia. En tiempos antiguos significaba "matar a una persona" o tener un dominio completo sobre alguien, ser una dictadora o un dictador."[14] Josefus emplea el uso del sustantivo *authentes* para expresar la palabra "asesinos," los asesinos de los judíos de Galilea a camino a un festival en Jerusalén *(War* BK.II.XII.5 [240]). Además de esto, la Sabiduría de Salomón en el Apócrifo, el cual fue escrito más o menos en el año 100 antes de Cristo hasta el año 40 después de Cristo, es el sustantivo usado para modificar padres ("sacrificio de padres") quienes deseaban matar las almas desprotegidas con sus propias manos (12:6). Similarmente, Josefus usa el sustantivo para describir a Antipater, el hijo de Herodes, quien fue acusado de matar a sus dos hermanos y de tratar de matar a su padre *(War* BK.I.XXX.1 [582]). Filo usa la palabra metafóricamente. La persona que ha tratado de destruir las virtudes llega a ser su propio "asesino" *(The Worse Attacks the Better* XXI [78]).[15] El verbo *authentein,* como todos los verbos sobre gobernación, toma el genitivo de la persona que ha sido asesinada o sobre la cual la dominación destructiva es ejecutada. Por otro lado, *didaskein* toma una forma acusativo hacia la persona y tema enseñado. Consiguientemente, el "hombre es el que es más probable a ser el objeto de *authentein* gramáticamente. En otras partes, Pablo usa una palabra más común para autoridad, *exousia* (p.e., 1 Co 11:10; 15:24). Por esto, *authentein* significa "dominar" o "tener poder absoluto sobre" personas de tal manera de que puede destruirlas.

14. Liddell y Scott, p. 275; Thayer, p. 84.

15. Catherine Clark Kroeger piensa que *authentein* significa ser fuente de otra persona. *I Suffer Not a Woman: Rethinking 1 Timothy 2:11-15 in Light of Ancient Evidence* (Grand Rapids: Baker, 1992), 103.

Authentein es parecido en el concepto a la clase de liderazgo negativo que Jesús relata sobre personas que gobiernan sobre los gentiles. Su liderazgo es descrito en dos palabras *katakurieuo* y *katexousiazo* (Mt 20:25). Ambas palabras se forman de la raíz de la preposición "debajo de" *(kata)* la cual describe vívidamente la posición de la persona que está siendo gobernada. *Katakurieuo* significa "hacer ejercicio de un dominio completo." *Katakurieuo* quiere decir literalmente hacerse "señor sobre." Ambos verbos, así como también *authentein,* toman el caso genitivo por la persona "sobre" la cual uno gobierna. *Katakurieuo* se usa para los demonios que "se apoderan" de los exorcistas judíos dejándolos desnudos y heridos (Hch 19:16). Pedro reprende a los ancianos para que no "dominen al rebaño," sino que sean ejemplos a ellos (1 P 5:3). El liderazgo, el cual se apodera y destruye, nunca es aprobado por Cristo para que sea empleado por hombres o mujeres.[16]

"Dominar" está en el mismo tiempo y forma (presente activo infinitivo) que "estar" en silencio que lo sigue. Entonces son verbos paralelos antitéticos. Dominar un hombre, en este caso, es lo opuesto a estar en silencio.

Las mujeres deben de hacerse parte del proceso completo de la educación- un proceso de silencio. Las mujeres deben estar calmadas y restringirse así mismas y afirmar y respetar a sus maestros(as) en vez de ser parte de una autoridad autocrática la cual destruye a los demás. Pablo aquí no esta prohibiéndoles a las mujeres que predican o que oren o que tengan autoridad edificativa o que pastoreen. Él esta simplemente prohibiéndoles que enseñen y usen su autoridad en una forma destructiva. El mayor propósito de la carta es remediar la enseñanza de diferentes doctrinas, las connotaciones positivas del "silencio," el uso del presente indicativo activo para "no estoy dejando," el uso de la partícula adversativa "pero" y el principio de que el aprender resulta en enseñar- todo implica que el requerimiento de Pablo es temporáneo. Un requerimiento "temporáneo" no es solamente relevante en el primer siglo. Más bien, es aplicable solamente cuando, pero solo cuando, las mujeres que no han recibido entrenamiento teológico se sucumben a enseñanzas falsas.

Los versículos 13-14 empiezan con la conjunción *gar* el cual significa y expresa una inferencia, causa, continuación, o explicación. Son una sola oración y por esto no pueden ser separados en el pensamiento,

---

16. Ver también Mc 10:42; Lc 22:25-6; Hch 10:38; 2 Co 1:24; Stg 2:6. Liddell y Scott, p. 896.

literalmente: "Porque Adán fue formado primero, después Eva; y Adán no fue engañado, sino que la mujer, siendo engañada, incurrió la transgresión." Pablo tiene la razón en recordarle al lector que Adán fue formado primero. Y al ser formado primero no es necesariamente una prueba de superioridad. Filo dijo acerca del orden de la creación de animales a hombres que:

> El principio del orden es éste, empezar con lo que es inferior en su naturaleza, y terminar con lo que es más excelente *(On the Account of the Creation of the World* XXII [67]).

Sin embargo, después el tiene que explicar porque: "no pensaba que el hombre era más bajo en rango aunque fue creado antes de la mujer" *(On the Creation,* XXIX [87]). Ya que ni en Génesis 1 o 2 hay ninguna implicación de jerarquía y nosotros estamos afirmando que las palabras de Pablo no contradicen lo que esta en Génesis, la mejor forma de entender las palabras de Pablo es en la luz de la situación que él esta enfrentando. Adán fue formado primero, pero Eva fue la primera que fue engañada. Ella misma lo admitió: "La serpiente me engañó, y por eso comí del fruto." Aunque Adán fue creado primero, Eva fue engañada primero que Adán.

La mujer no era más mala inherentemente que Adán. Pablo dice que la mujer "incurrió en transgresión siendo engañada." "Incurrió" *(ginomai)* es el indicativo perfecto. El perfecto es una acción del pasado que afecta el estado del presente. Eva se convirtió en la transgresora y por eso no pudo volver a su estado anterior.

Pablo esta citando la experiencia de Adán y Eva como una explicación o una analogía para sus lectores. Una analogía es una comparación controlada de una cosa y otra en algún respeto. Muchos maestros rabínicos usaban el Antiguo Testamento como analogía para el presente. Ellos usaban las Escrituras como una ilustración para la vida cotidiana. Un evento en la Escritura puede servir como una clase de analogía para cierta acción en la sociedad contemporánea. Por ejemplo, anteriormente, rabí Hisda, dijimos, que interpretó "Y Dios el Señor construyo" a Eva para significar que Dios "construyo a Eva en la forma de un almacén."" Rabí Simeón ben Menassia interpreto el verbo "construyo" diferentemente:

> "Y Dios el Señor construyó de la costilla" nos enseña que el Santísimo, bendecido sea, él hizo trenzas del cabello de Eva y la trajo a Adán, porque en los pueblos cercanos al mar "hacer un cabello" se llama "construir" (b. *Erub.* 18a-b, b. *Ben.* 61a).

Ambos rabís estaban explicando el verbo "construir" con ilustraciones contemporáneas.

Pablo también hace otra analogía en Gálatas 4:22-31 con Agar y Sara. Él usa el engaño de Eva también como analogía para el engaño de los Corintios en 2 Corintios 11:3 y también usa a Adán como analogía de una persona que deja que el pecado y la muerte reinen.[17] Pablo usa a los Israelitas en la selva como una analogía para los Corintios. Estas eran "clases" *(tupos)* de nosotros." *Tupos* puede significar "arquetipos, parones, modelos, abiles para ser repetidos exactamente en casos numerosos."[18] Los Israelitas son un ejemplo negativo para los Corintios por que los Israelitas creían en Dios y recibieron las bendiciones de Dios y vieron señales de la presencia de Dios y aun así desearon el mal. Así también, los Corintios quienes eran creyentes estaban deseando ser idolatra e inmoral y se quejaban y le daban pruebas a Dios (1 Co 10:1-13). Los Corintios no eran iguales a los Israelitas en todos los aspectos ni tenían que siempre ser como ellos. Por ejemplo, los Corintios eran gentiles ubicados en un solo lugar. Ellos no eran como los judíos quienes fueron castigados a rondar en el desierto. En 1 Timoteo, Pablo se usa así mismo como una ilustración y sinécdoque de todos los pecadores. Él afirma esto diciendo: "Cristo Jesús vino al mundo para salvar a los pecadores." Después, Pablo se describe así mismo como un ejemplo *(hupotuposis)* de un gran pecador que recibió misericordia y así en el futuro todos los pecadores pueden esperar la misma misericordia y vida eterna si creen en Jesucristo (1 Ti 1:15-16). Como el "primer" pecador, Pablo es un sinécdoque de todos los pecadores. En otras palabras, si Dios tuvo misericordia de un pecador tan grande como Pablo, Dios puede tener misericordia de cualquier otro pecador. El hecho de que Pablo es una ilustración vivida[19] de un gran pecador, esto no significa que él debe seguir blasfemando, persiguiendo e insultando. Pablo tampoco no esta diciendo que Cristo redime a todos los pecadores, lo cual seria universalismo. La ilustración de Pablo sirve solo para lo que Pablo quiere decir.

Entonces, ¿Cuál seria la analogía que Pablo estaba indicando entre Adán y Eva en Efesios? Las mujeres de Efesio recordaban a la mujer

17. Ro 5:12-14; 1 Co 15:22. David Robinson, "Is Eve's Deception a Feminine Fear?" Ensayo, Gordon-Conwell Theological Seminary (Jan. 18, 1983), pp. 7-8.

18. Liddell y Scott, p. 1835.

19. *Hupotuposis* era: "cualquier representación que esta hecho en lenguaje vivido que llama la atención a la vista en vez del oído" (Quintilian, *The Institutes*, Bk. IX.2.40).

(Eva) en el Edén. Las mujeres de Éfeso estaban aprendiendo y enseñando enseñanzas falsas a otras personas en una manera dictatorial, sometidas a maestros no ortodoxos. Eva también había sido engañada en creer ciertas enseñanzas falsas: si ella tocaba el fruto del árbol en el medio del huerto, ella sería como Dios y no moriría (Gn 3:3-4). Dios nunca le prohibió tocar el fruto, solo comerlo. Es más, Eva si murió. Eva con autoridad le enseñó a Adán estas enseñanzas. Desafortunadamente él las aprendió. Esas acciones afectaron el estado humano y de la naturaleza-un estado esclavizado por el pecado y la muerte. Pablo quiere romper una secuencia similar de eventos en Éfeso. La iglesia en Éfeso podía destruirse a si misma como Adán y Eva se destruyeron en el Edén. Si las mujeres de Éfeso seguían siendo engañadas, ellas también serían transgresoras y así como el mundo cayó, también la iglesia en Éfeso caería.

Pablo estaba tratando de hacer el proceso más lento que estaba llegando a una completa y genuina participación igual de parte de los hombres y las mujeres. Antes de que la gente sea "liberada" en Cristo, ellos necesitan reconocer y entender la naturaleza de la liberación. De lo contrario, ellos pueden apuntar después de una pseudo-liberación la cual terminaría en esclavitud. La instrucción en la fe tiene que preceder el vivir esa fe. Las mujeres no estaban preparadas para aguantar un aprendizaje poco ortodoxo ya que no tenían que aprender la Torá. Probablemente, ellas estaban entre aquellas personas que deseaban ser maestros(as) de la ley sin entender lo que estaban diciendo (1 Ti 1:7). Sin embargo, Jesús y Pablo estaban permitiendo que ellas entendieran.

Pablo usa un principio similar al que se sugiere en Génesis 3. ¿Cuál era el pecado de Eva? Ella quería ser como Dios. Tal inspiración puede ser buena, por supuesto. ¿No es cierto que Pablo reta a sus lectores a madurar para llegar a ser como la imagen de Cristo (Col 1:28)? Pero la forma en como Eva obtiene esta sabiduría era errónea. Su deseo por la nutrición, estética y sabiduría fueron excusas para que ella obtuviera su sabiduría en vez de recibirla de Dios. Eva tomó la sabiduría neciamente. La sabiduría o el conocimiento en sí mismo nunca son tan importantes como el verdadero conocimiento que Dios nos da a través de nuestra obediencia. Por consiguiente, la mejor forma de obtener el conocimiento verdadero es más importante que el mismo conocimiento.

El pasaje de enseñar a las mujeres termina en el verso quince: "Pero se salvará por medio del Parto si permanecerán en fe y amor y santificación con dominio de sí mismos." Si Pablo hubiera seguido *dia* con una caso acusativo, el versículo hubiera sido traducido "ella será salvada *por medio de*" el dar a luz. Una mujer no podría ser salvada si no tenia hijos. Sin embargo, Pablo usa el caso genitivo el cual significa "a través de" un agente intermediario o inanimado.[20] Si las mujeres iban a ser salvas por medio de dar a luz, entonces mujeres creyentes no morirán por medio de dar a luz. Esta promesa iba a persuadir a muchas mujeres a convertirse. Raquel, sin embargo, si murió por dar a luz a su hijo, Benjamín (Gn 35:16–20). Es más probable, que el entendimiento tradicional del uso que Pablo le da al artículo singular para modificar "dar a luz" sugiere que el nacimiento más significativo para los cristianos es el nacimiento de Jesús, el Niño nacido de María.

La dificultad de entender que "el parto" se refiere al Niño nacido de María es una referencia un poco vacía. Sin embargo, Ignatius, quien vivió en el primer siglo, usa un sinónimo para el parto *(ho toketos)* que también se refiere a Jesús:

> Y la virginidad de María y su parto fueron escondidos del Príncipe de este mundo, así como la muerte del Señor (*To the Ephesians* XIX.l).

Y Pablo mismo tiene varias referencias comparables. Por ejemplo, el hijo de Dios, Pablo dice, fue "nacido de mujer" (Gl 4:4) y, "el varón nace de la mujer" (1 Co 11:12). ¿Cuáles mujeres? El argumento de Pablo en Gálatas 3:16, 29 se basa en la diferencia entre el singular y el plural de "semilla." Entonces en 1 Timoteo 2:15 Pablo puede que este aludiendo a Génesis 3:15, al niño que cumplió la victoria final sobre Satanás. El *protevangelium*, que Génesis 3:15 se refiere a Jesús, se menciona por lo menos tan temprano como en Irenaeus en el segundo siglo, quien a menudo compara a Eva con María. Por ejemplo en *Against Heresies* Irenaeus escribe:

> Y entonces también el nudo de la desobediencia de Eva fue aflojado por la obediencia de María. Lo que la virgen Eva había apretado con infidelidad, la virgen María aflojó con fidelidad.[21]

Pablo entonces estaría declarando en estos versículos que en la luz de su similitud a Eva, las mujeres en Éfeso no debían de enseñar ni dominar a los hombres, pero debían de aprender en sumisión a los sanos

---

20. Robertson, pp. 582–84.

21. III. XXII. 4. Vea también *Against Heresies* III. XXIII.7; IV.XL.3; V. XIX, XXI. 1 y *Proof of the Apostolic Preaching* 33; Lc 1:35.

maestros. Sin embargo, él declara, que nadie debe malentender, que la salvación de las mujeres no esta siendo puesta en juego. Por medio de Eva "en transgresión" llegó a ser el estado humano. Fue por medio de la obediente María, dando a luz, que la salvación llegó. Pablo, por consiguiente, les recuerda y los tranquiliza a los instructores y las estudiantes que si las mujeres en Éfeso eran instruidas correctamente también serian salvas si los instructores y las estudiantes "se mantiene en la fe y el amor y la santificación con dominio de sí mismo" (2:15).

La declaración de Pablo es puntada a comparación de las enseñanzas en la *Mishná* sobre el sábado:

> Por tres traspasos las mujeres mueren cuando dan a luz: cuando no obedecen las leyes de menstruación, de la ofrenda de masa, y de iluminación de la lámpara de sábado (*m. Sabb.* 2:6).

Posiblemente, Pablo no estaba de acuerdo con esa tradición cuando él escribió 1 Timoteo 2:15. No obstante, los rabís subsecuente entendieron que esta tradición del Sabbat se veía mal en las mujeres (p.e., *Midrash Rabbah on Genesis* XVII.8), en su contexto estas prácticas son positivas y estimadas altamente. En el tratado las mujeres si mueren dando a luz. Pero, Pablo se enfoca en lo positivo- las mujeres serán salvas a través de El Parto. En el tratado la falta de obediencia de la responsabilidad legal puede causar la muerte. Pablo, sin embargo, enfatiza los tres atributos que traen vida. La fe, el amor y la santidad traen salvación eterna no solo a las mujeres pero también a los hombres.

Los versículos que siguen 2:15 en el capítulo 3 confirma la posibilidad de que las mujeres pueden enseñar en el futuro. 1 Timoteo 3:1 indica que "Si *alguno* anhela obispado," no "Si un hombre anhela obispado." El pronombre *tis* se refiere a hombre o mujer. Un obispo a comparación de un diacono tenia que estar "apto para enseñar" (3:2). Las mujeres en Éfeso no podían enseñar todavía pero si podían aprender para ser obispos que enseñaban, como lo hicieron las mujeres que conoceremos en el siguiente capítulo.

Para recapitular, en 1 Timoteo 2:13-14, Pablo usó una analogía entre Eva y las mujeres en Éfeso. Era fácil engañar a ambas. Cuando las mujeres, o más bien las mujeres en Éfeso, ya no son fácilmente engañadas porque son enseñadas, ya no se puede hacer analogía con Eva. Por ultimo, Pablo enseña igualdad a través de Cristo quien humilla a todos. El problema ha sido que las mujeres en todos lugares y en todos tiempos han sido comparadas con las mujeres de Éfeso. ¡Las mujeres han sido estudiantes que nunca se han podido graduar! El siguiente capítulo mostrará como Pablo no hizo esta generalización.

Un hombre joven una vez explicó que sus ancestros mayores que sus abuelos todos trabajaron en las minas. Su bisabuelo reconocía minar como una ocupación muy peligrosa y por consiguiente opresiva. Aun así, él mismo no podía dejar las minas, él hizo posible que su hijo aprendiera a ser carpintero. Y para el hijo, carpintería significó liberación de los peligros de las minas. El otro hijo siguió en la carpintería porque era todo lo que sabía hacer. Fue una decisión hecha por hábito y rutina, una decisión que no pensó mucho. Pero aun así, cuando la cuarta generación, el hombre joven con el que hablé, fue forzada a entrar en el oficio de la carpintería, para él la carpintería era un símbolo de opresión. La norma, la cual el bisabuelo desea adoptar no era carpintería sino libertad. Fue malentendía como carpintería. Así mismo, la norma, la cual Pablo quería adoptar era liberación en Jesús. Para las mujeres en Éfeso en el primer siglo, el aprender el conocimiento de la verdad de Dios de personas sanas era liberación. Pero más de 1900 años después, simplemente el aprender en sumisión y nunca enseñar a los hombres sigue siendo la norma que muchos siguen. El pasaje de 1 Timoteo 2:11–15 no sugiere una oposición de Pablo a la ordenación de mujeres. Si algo, el desarrollo del trabajo de Pablo en Éfeso debe culminar en un liderazgo con autoridad de las mujeres entrenadas ortodoxamente hoy. Pablo nunca quiso que las mujeres se mantuvieran en la etapa principiante ejemplada por las mujeres en Éfeso. El diseño de Pablo fue que las mujeres maduraran como herederas de acuerdo a la promesa de Dios (Gl 3:26–29). Por eso, él se regocijaría de ver Gálatas 3:28 convertirse en una realidad en nuestras acciones:

> Ya no hay judío ni griego; no hay esclavo ni libre; no hay varón ni mujer; porque todos vosotros sois uno en Cristo Jesús.

4

Primero apóstoles, segundo profetas, tercero maestros
Ejemplos de mujeres en autoridad en el Nuevo Testamento

> Mientras yo estaba aun con las autoridades de la policía mi padre lleno de amor por mí, trató de disuadirme de mi resolución.
> "Padre," dije," ¿Puedes ver aquí este ejemplar, este vaso, o jarra o cualquier cosa que esto sea?"
> "Lo veo," dijo él.
> "Puede este objeto ser llamado con cualquier otro nombre del que realmente es? " Yo pregunté y él respondió, "No."
> " Entonces yo no puedo ser llamada con cualquier otro nombre que el que yo soy y yo soy Cristiana" (Vibia Perpetua, d.C. 202–03, *The Martyrdom of Perpetua* 3).

AUN EN EL PRIMER siglo no todas las mujeres cristianas fueron afectadas por las instrucciones de Pablo a Éfeso. Estas mujeres estaban haciendo cosas que no eran usuales en su tiempo. Ellas estaban aprendiendo verdades religiosas, hablando públicamente y hablando con autoridad. Algunas mujeres estaban enseñando. Es más, el Nuevo Testamento provee una cantidad de evidencia abrumadora, primero que todo, que las mujeres tenían y estaban aprobadas para posiciones que eran consideradas autoritarias en el primer siglo, y segundo, que las mujeres habían recibido dones de Dios para ocupar tales posiciones, posiciones para las cuales las iglesias ordenan a las personas hoy en día.

Pablo exhorta a los Corintios:

Ustedes son el cuerpo de Cristo, y cada uno es miembro de ese cuerpo. En la iglesia Dios ha puesto, en primer lugar, apóstoles; en segundo lugar, profetas; en tercer lugar, maestros; luego los que hacen milagros; después los que tienen dones para sanar enfermos, los que ayudan a otros, los que administran y los que hablan en diversas lenguas (1 Co 12:27-28 NVI).

¿Cuáles son las características que distinguen a los apóstoles, profetas y maestros de todos los otros dones? Muchas personas afirmarían que el uso de "primero, segundo y tercero" se refiere a una secuencia de rango y título, aquellas posiciones con la autoridad más alta, honor y estatus. La autoridad cristiana, por supuesto, no es una autoridad para el beneficio propio. Pablo, muy posiblemente, uso números para indicar que estas posiciones eran muy importantes para establecer la iglesia. "Primero, segundo y tercero" también pueden indicar una prioridad fundamental. Si una ciudad no tenía un apóstol que testificara personalmente acerca de la resurrección, ¿Cómo pues podría su gente enseñar? Pareciera que Pablo estuviera indicando que estas posiciones son cruciales y como tales incluyen la autoridad. El Nuevo Testamento registra mujeres que fueron no solo llamadas sino también definidas como mujeres que ocupaban uno de estos tres cargos más importantes: apóstol, profeta y maestro/a. Estas son las posiciones que eran consideradas autoritarias y cruciales por la iglesia del Nuevo Testamento. Y estas son las posiciones que las mujeres del Nuevo Testamento ocuparon en las cuales fueron afirmadas.

Las mujeres también recibieron dones de Dios para posiciones las cuales requieren de un ordenamiento de la iglesia hoy en día. La ordenación o el acto de imponer manos sobre la persona en sí misma no conceden autoridad espiritual. Dios ordena un llamamiento específico. La ordenación es el asentimiento de la iglesia hacia la orden de Dios. Las manos son un símbolo antiguo y bíblico de poder y fuerza. Aun hoy en día, las manos simbolizan poder, como puede ser visto en metáforas como "poner una mano fuerte," "la mano de hierro dentro del guante de terciopelo" o "métodos de manos pesadas." El acto de imponer manos era un símbolo del traslado de poder o de bendición (Mc 10:16).

La ordenación es simbólica. Cuando Simón el mago vio a Pedro y a Juan imponiendo manos sobre personas, quienes al ser bautizadas en el nombre de Jesús recibían el Espíritu Santo, Simón también quiso ese poder. El quiso pagar para poder recibir estas poderosas manos que Pedro y Juan tenían: "Dadme también a mí este poder (o autoridad), para que cualquiera a quien yo impusiere las manos reciba el Espíritu Santo" (Hch 8:19). Simón confundió el símbolo con la fuente del poder.

El imponer manos sobre alguien representa la orden que Dios ya ha dado. El Señor dijo a Moisés: "Toma a Josué hijo de Nun, una persona en el cual está el Espíritu, y pondrás tu mano sobre el" (Nm 27:18). Josué fue escogido por Dios para remplazar a Moisés porque el Espíritu ya moraba en él. Moisés debía de ordenar a Josué delante de Eleazar el sacerdote y el resto de la congregación porque ellos también necesitaban aceptar el llamado de Dios hacia Josué. Similarmente en el Nuevo Testamento, la iglesia en Antioquía tenía profetas y maestros. Posiblemente ellos fueron "ordenados," posiblemente no. El autor no lo menciona. Timoteo, quien fue un evangelista y un compañero de trabajo, fue ordenado, al igual que otros siete hombres quienes distribuían comida a las viudas (Hch 6:6; 1 Ti 4:14; 2 Ti 1:6; 4:5; Ro 16:21). Muy probablemente los ancianos también eran ordenados (1 Ti 5:17–22). No obstante, Lucas registra claramente que en Antioquia, mientras que los cristianos adoraban, el Espíritu Santo dijo, "Sepárenme a Bernabé y a Saulo para el trabajo al cual los he llamado" (Hch 13:2). Y después de que la iglesia ayunó, oró y colocó manos sobre Pablo y Barnabas, la iglesia los mandó. Es claro que su ordenación incluyó el acto de colocar las manos sobre ellos y la oración, la obediencia terrenal simbólica de la iglesia hacia la orden especifica de Dios.

Consiguientemente, la pregunta bíblica verdadera no es ¿Deben ser las mujeres ordenadas? sino ¿Dios ordena las mujeres a predicar, a enseñar y a tener autoridad? Y de esta manera la iglesia, simbólicamente, puede afirmar y orar por lo que Dios ya ha ordenado. La ordenación es mencionada en la Biblia frecuentemente. No es fácil, en todo caso, determinar exactamente quien fue ordenado. Sin embargo, un denominador común en las iglesias hoy en día es el ordenar a las personas que trabajan como "pastores, profesores, administradores, profetas y evangelistas, y en otros cargos que sean necesarios para la iglesia, de acuerdo a los dones en los cuales se destaquen."[1] ¿Que une todas estas posiciones?

---

1. *United Presbyterian Book of Order* VIII.l; VI.2. Vea también Paul O. Madsen, ed., *Leaven: An Interpretive Volume Originating in the American Baptist Convocation on the Mission of the Church* (Valley Forge: American Baptist Home Mission Societies, 1962), pp. 70-3; *The Book of Discipline of the United Methodist Church 1980* (432): "Ordination is a public act of the Church which indicates acceptance by an individual of God's call to the upbuilding of the Church."

Según Pablo, "a fin de capacitar a los santos para la obra del ministerio, para la edificación del cuerpo de Cristo," Cristo dio "a algunos el ser apóstoles, a otros profetas, a otros evangelistas, a otros pastores y maestros" (Ef 4:11-12 BA). La frase el "capacitar a los santos" es sinónima a la frase "la edificación del cuerpo." *Katartismos* o "capacitar" tiene el sentido básico de "arreglar, reparar, remendar" como quien dice remendar una red (Mt. 4:21) o corregir una extremidad. También significa "instruir o entrenar." *Oikodomen* o "edificación" tiene más sentido como la construcción de un edificio o una casa o, como en el contexto de este versículo, un cuerpo. Cristo dio a su pueblo en forma de "dones" personas que se enfocarían en el cuerpo de Cristo, la iglesia, el corregir, instruir, edificar y fortalecer ese cuerpo para que este pudiese madurar. El madurar incluye obediencia a Dios, unidad, conocimiento, verdad y amor (Ef 4:13-16). Ahora, nosotros también ordenamos personas que tienen el llamado de equipar otros cristianos para el ministerio.

Por consiguiente, debemos preguntarnos, ¿El Señor da dones de apostolado, profecía, evangelismo, enseñanza y pastoreo a las mujeres? Y también preguntarnos ¿Pablo aprobaba que las mujeres emplearan estos dones en la iglesia? Y si es así ¿El Dios que da estos dones y amonesta de todo corazón cuando estos dones no son desarrollados (ej., Lc 19:11-27) quiere que las mujeres desarrollen sus dones de liderazgo y ser afirmadas públicamente por hacerlo? Eso es así, aun si solo una mujer pudiera ser afirmada como un apóstol, profeta, evangelista, pastora o maestra, entonces uno podría- uno necesita- concluir que las mujeres han recibido dones de parte de Dios para posiciones para las cuales la iglesia ordena personas y las cuales son consideradas posiciones con autoridad desde los tiempos de la iglesia en el primer siglo.[2] Sin embargo, estudiantes de la Biblia pueden y han encontrado formas creativas de diluir o suprimir cada referencia que se refiera a una mujer líder. No es cierto que cada persona que declara que la Biblia tiene autoridad deja que la Biblia hable con autoridad.

---

2. Sinécdoque, que significa que una parte representa lo entero, es un símbolo usado muchas veces por Dios. Adán y Eva representan todos los seres humanos (ej., Gn 35:9-12). Consiguientemente, cuando Cornelio y su familia y amigos reciben el Espíritu Santo, los creyentes concluyen justamente que Dios ha dado arrepentimiento a los gentiles (Hch 10-11). De misma manera, si aun una mujer líder es afirmada por Dios eso significa que Dios afirma a todas mujeres lideres.

PRIMERO APÓSTOLES

¿Qué es ser un apóstol? *Apostolos* literalmente significa alguien enviado hacia delante con otros. Un *apostolos* podría ser un recibo de compras o un pasaporte simplemente. Los judíos tenían apóstoles (*shalah*) o "mensajeros" quienes eran despachados de una ciudad por los gobernantes de ella para ir a una misión al extranjero, por lo general para recoger el tributo que debía ser pago para el templo. En el Nuevo Testamento, un apóstol podía ser uno de los Doce (Lc 6:13) o un grupo más grande. Por ejemplo, Pablo dice en 1 Corintios 15 que Jesús se les apareció a los "doce" en el versículo 5, y "a todos los apóstoles" en el versículo 7. Los Doce representaban las doce tribus en Israel. Posiblemente, Pablo, como el trezavo, representaba a los Levitas quienes no eran contados. Los apóstoles por definición eran más que los Doce. Un apóstol es alguien quién ha visto a Jesús (1 Co 9:1, por eso Pablo podía ser uno de ellos) o más específicamente, alguien que había acompañado a los Doce desde el momento en que Juan bautizo hasta que Jesús ascendió (Hch 1:21-22). Es por eso que Bernabé, Silvano, Santiago, el hermano del Señor y Andrónico todos eran apóstoles aunque ellos no eran parte de los Doce.[3] Con esta definición de un apóstol, las mujeres que acompañaron a Jesús también pueden ser llamadas apóstoles; María Magdalena, Juana, María madre de Jesús, María madre de Jacobo, esposa de Alfeo; y Salomé madre de Santiago y Juan, esposa de Zebedeo. Todos ellos recibieron la comisión por el ángel (Mt 28:7; Mc 16:7; Lc 24:10).

¿Es alguna mujer en específico llamada un apóstol? Pablo termina su carta a los Romanos saludando a Andrónico y a Junia: "mis paisanos y mis compañeros de cárcel; los cuales son distinguidos entre los apóstoles, que también fueron antes de mi en Cristo" (Ro 16:7).[4] Junia era un nombre común latino para mujeres. Junius es el masculino, así como Julios es el masculino de Julia, y también como Priscos es el masculino de Prisca. Si un erudito asumiera o dedujera que las mujeres no pueden tener autoridad, ¿Que haría él entonces con Junia? Lo que algunos eruditos han hecho es decir que Junias (el griego tiene *Junian*, el acusativo de

---

[3] Hch 1:1; 2:7; 14:14; Ro 16:7; Gl 1:19; 1 Ts 1:1, 2:6. Aída Besançon Spencer, "Jesus' Treatment of Women in the Gospels," *Discovering Biblical Equality: Complementarity without Hierarchy*, eds. Ronald W. Pierce y Rebecca Merrill Groothuis (Downers Grove: InterVarsity, 2004), 137-38.

[4] Ver *Traducción en lenguaje actual*: "Saluden a Andrónico y a Junia,...Son apóstoles bien conocidos."

Junia) era un nombre acortado de su forma original Junianus. Aun así, los diminutivos en latín eran formados al alargar, no acortar, el nombre, por ejemplo, Priscilla, el cual es el diminutivo de Prisca. Es comprensible entonces que el nombre en forma de "Junias" aun necesita encontrar recursos extra bíblicos.[5]

¿Cómo entendían a "Junia" los primeros comentaristas? Origen, quien vivió cerca del final del segundo siglo, supuso que Junia era una mujer en su *Epistolam ad Romanos Commentariorum* (10, 26; 39). Juan Crisóstomo, quien vivió en el cuarto siglo la elogio:

> Oh! Cuan gran devoción la de esta mujer, que ella debiera aun ser considerada digna del apelativo de apóstol! (*Homily on the Epistle of St. Paul the Apostle to the Romans* XXXI).

Jerome, quien vivió en la segunda parte del cuarto siglo, también supuso que Junia era una mujer (*Liber Interpretationis Hebraicorum Nominum* 72, 15). Comentaristas a lo largo de los años han supuesto que Junia era una mujer hasta el momento que Aegidus de Roma (d.C. 1245-1316) simplemente se refiere hacia las dos personas Andrónico y Junia como "hombres" (*Opera Exegetica*, Opuscula I). Irónicamente, él prefería la variante de "Julian," el cual eruditos modernos entenderían claramente como termino femenino.[6]

Algunos escritores han propuesto que si Junia era mujer, ella tendría que haber sido admirada o bien conocida *por* los apóstoles, mas no haber sido prominente *entre* ellos. *Episemos* apropiadamente significa "una señal o marcar encima de" como decir una marca o inscripción en el dinero.[7] Implica una selección específica sacada de un grupo.[8] Es más,

---

5. James Hope Moulton y George Milligan, *The Vocabulary of the Greek Testament: Illustrated from the Papyri and Other Non-Literary Sources* (Grand Rapids: Eerdmans, 1930), p. 306. Una Junia es "la hija" y otra es "la madre" en *Corpus Inscriptionum, Graecarum* (1.448; III.3927). *Iounianos* es el diminutivo de *Iounios*, por ejemplo, "*Iounianon* un hijo" (111.4118). Ed. Augustus Boeckhius (Berolini: Academica, 1828).

6. Bernadette Brooten, "Junia . . . Outstanding among the Apostles" (Ro 16:7), *Women Priests: A Catholic Commentary on the Vatican Declaration*, eds. Leonard Swidler y Arlene Swidler (New York: Paulist, 1977), pp. 141-55. James Hope Moulton y Wilbert Francis Howard indican que Junia es nombre de mujer latina. *A Grammar of New Testament Greek*, Vol. II (Edinburgh: T. & T. Clark, 1920), p. 155.

7. Liddell y Scott, p. 656.

8. William Sanday y Arthur C. Headlam, *A Critical and Exegetical Commentary on The Epistle to the Romans*, The International Critical Commentary (5th ed.; Edinburgh: T. & T. Clark, 1902), p. 423.

la preposición *en* siempre tiene la idea de "dentro de."[9] Por eso, Pablo explica que Andónico y Junia fueron destacados *entre* los apóstoles. El significado de "por" debe ser traducido como las preposiciones con un significado de "con," por ejemplo, *para* o *pros* (Lc 2:52; Hch 2:47).

Junia (y su colega masculino Andrónico) era la homologa de Pablo en Roma. Como apóstol, enviada por Dios y testigo de la resurrección de Jesús, Pablo seria el que habría de poner las bases para la formación de la iglesia.[10] Ciertamente, predicación con autoridad tendría que ser parte de este testimonio. Junia, al igual que Andrónico, aparentemente pusieron también las bases para la formación de las iglesias en Roma: "fueron antes que yo en Cristo" (Ro 16:7). Las iglesias que ellos ayudaron a establecer han durado hasta el día de hoy. Con razón que Junia y Andrónico eran apóstoles distinguidos.

SEGUNDO PROFETAS/ISAS

Un profeta es alguien que recibe y habla de un mensaje de Dios. Un profeta puede profetizar así como lo hizo Agabo (Hch 11:27-28; 21:10-11) o predecir de la manera que Silas y Judas lo hicieron (Hch 15:32). Según 1 Corintios 14, un profeta habla a la gente durante el tiempo de alabanza para su edificación, ánimo y consolación (v. 3).[11] A diferencia de personas que hablan la lengua angelical, los profetas usan sus mentes. Los profetas declaran convicto al que está afuera e instruyen al cristiano (vv. 15-9). Todos predicamos (*kerusso*) las buenas nuevas, pero solo algunos son profetas. El profeta era usado en el servicio como es usado el predicador hoy en día. Entonces, por supuesto, el servicio tenía predicadores.

En el Antiguo Testamento, María, Hulda, Débora y la esposa de Isaías fueron llamadas profetisas.[12] María era la líder establecida por

---

9. Robertson, p. 587.

10. Lc 11:49; 1 Co 3:6-10; 2 Co 10:14; Ef 2:20; 3:5; Ro 15:18-23; Hch 14:21-3; 15:36; 18:23.

11. *Oikodomen* o "edificación" es la misma palabra que se usa en Ef 4:12.

12. Ex 15:20; 2 R 22:14-22; Is 8:3. Isaías y su esposa eran "cleros." Quizás Dios usó tantas metáforas para representar a Dios en el libro de Isaías porque la esposa de Isaías participó en el ministro conjunto de profecía. La misma frase "profetisa" se usa para María, Hulda y Débora tanto como para la esposa de Isaías, ella también será una profetisa, no simplemente "la esposa de un profeta" como sugiere G.B. Gray. *A Critical and Exegetical Commentary on The Book of Isaiah I*, The International Critical Commentary (Edinburgh: T. & T. Clark, 1912), p. 144.

Dios en Israel al igual que Moisés y Aarón (Miq 6:4). Solo Hulda podía interpretar el significado de Deuteronomio a el rey Josías, Hilcías el sacerdote, y al consejo de ministros del rey Josías, Safan, Ahicam, Acbor, y Asaías. Débora era una profeta y una jueza (Jue 4:4). Como jueza, ella había sido establecida por Dios para gobernar, dirigir al ejército, y juzgar las cosas legales. Débora fue tan impresionante como una estratega militar y profetisa que Barac se rehusó a combatir Sísera sin ella. Debajo de esta figura de "madre de Israel," el pueblo descansó en paz por cuarenta años.[13] Muchos héroes del Antiguo Testamento, aunque devotos, tenían fallas grandes, pero Débora y su contemporánea Rut sobresalen en las Escrituras como completamente puras. Joel proclamó que Dios iba a derramar su Espíritu sobre todas sus hijas que profetizaran, y ellas lo hicieron (2:28). Ana también es llamada la profetisa (Lc 2:36). Solamente Ana y Simeón reconocieron al Salvador juvenil. Ella también predicó acerca de Jesús por todo Jerusalén. Las cuatro hijas de Felipe también eran profetisas quienes llegaron a ser bien conocidas en la iglesia antigua.[14]

Como quiera que, nosotros entendamos la metáfora de la "cabeza" en 1 Corintios 11 y la del "silencio" en 1 Corintios 14:34, ellos *no* querían decir que las mujeres no podían participar en el liderazgo y la adoración.[15] Pablo da por supuesto en 11:5 que las mujeres pueden orar y profetizar en la iglesia. La pregunta en el capítulo 11 es simplemente cuestión de las vestiduras que deben tener cuando están predicando u orando.[16] Las

---

13. Jue 5:7, 31; 4:4, 6, 14; 2:16, 18; Dt 17:8–9. Ver también mujer sabia, 2 S 14:1–24; 20:14–23.

14. Hch 21:8–9; Eusebius, *Church History*, Bk 3.31, 37.

15. "La cabeza" (*kefale*) se usa en la Biblia para una cabeza (Mt 14:8) como sinécdoque para el cabello (Hch 18:18), para el cuerpo (Mt 8:20), una piedra principal (Mt 21:42), la fuente (Col 2:19; Ef 1:22–23), una vida (Is 43:4), o el primogénito (Col 1:18). La cabeza para los ancianos era la fuente de vida. Entonces, Jesús, "la cabeza," hace crecer el cuerpo (Col 2:19). Cristo es cabeza de todo hombre porque Cristo era el medio de la creación del hombre (1 Co 11:3). Dios es "cabeza" de Cristo porque Dios dio vida al Mesías en la encarnación y designó el Mesías como rey y sacerdote (1 Co 11:3; Jn 1:14; 5:25–9; Mt 1:20; Sal 2:7). El hombre es "cabeza" de la mujer porque él era su fuente de vida en Génesis 2:22. "La mujer es gloria del hombre" (1 Co 11:7) porque ella fue sacada del hombre (1 Co 11:8; 15:40–41; Gn 2:22). Sin embargo, en Cristo, la mujer también es fuente del hombre ("también es cierto que el hombre nace de la mujer" 1 Co 11:12). Quizás Pablo se refiere a María dando a luz a Jesús o a una madre dando luz a su hijo.

16. Cuando los ancianos vergonzosos ordenaron a Susana de quitar el velo, esa acción era tan degradada y deshonrada que su familia y todos los que la vieron empezaron a llorar (1:32).

mujeres no se mantuvieron en silencio, ellas, aparentemente, ¡estaban monopolizando el servicio entero! Así como Pablo pregunta: "O solo a vosotros ha llegado" (14:36)? Tres grupos de personas fueron silenciadas en el capítulo 14: hablantes de lenguas cuando no había un interprete (14:27-28), un profeta cuando la revelación fue dicha por otro profeta (14:30-31), y las mujeres que estaban aprendiendo en costumbres vergonzosas (14:33-36), porque Dios es un Dios de paz y no de desorden.[17] Los Corintios eran jactanciosos, arrogantes, peleones y usaban el conocimiento, el derecho y el don de hablar en lenguas como licencia para crear desorden y promover la arrogancia. El propósito primordial de Pablo en 1 Corintios es explicarles a sus lectores que el amor o el servicio a otros por el bien del evangelio es más grande que cualquier otro principio como por ejemplo el conocimiento o el derecho.

Pablo usa una palabra diferente para el silencio en 1 Corintios 14 (*sigao*, vv. 28, 30, 34) a la palabra que usa en 1 Timoteo 2 (*hesuchia*, vv. 2, 11, 12). Las dos palabras son términos que tienen connotaciones positivas. *Sigao* se usa en el Nuevo Testamento para expresar el significado de escuchar, no de crear una perturbación o esconder un secreto.[18] La preocupación de Pablo hacia Corinto es similar a la preocupación que Pablo también expresa hacia las mujeres que están en Éfeso vista en 1 Timoteo 2 (vv. 9-10). Pablo quiere que las mujeres oren con decoro. En Éfeso, las mujeres estaban haciendo ostentación de su riqueza por la forma en que se vestían, mientras que en Corinto, las mujeres eran bulliciosas, haciendo ostentación de su libertad encontrada en Cristo. Si de verdad, las mujeres sin el velo y rasuradas tenían la misma apariencia a las prostitutas o adúlteras,[19] entonces Pablo muy posiblemente estaba aludiendo en 14:34 a las leyes de santidad en contra de las rameras o el adulterio (ej., Lv 19:2, 29; Dt 22:5; 23:17; Nm 5:18).

Algunos escritores sugieren que los profetas tienen menos autoridad que los jueces sobre el mensaje profético. Douglas J. Moo explica que en 14:34, "es probablemente este interrogatorio de la validez de la palabra profética lo que ha provisto a las mujeres."[20] La capacidad de distinguir (o

---

17. Ver A.J. Gordon, 'The Ministry of Women," *Missionary Review of the World* 7, December, 1894, 910-21.

18. Hch 12:17; 15:12-3; 21:40; Lc 9:36; 18:39; 20:26; Ro 16:25; Ap 8:1.

19. Patricia Gundry, *Woman Be Free!* (Grand Rapids: Zondervan, 1977), pp. 65-66. El templo de Aphrodite-Melainis en Corinto tenía prostitutas.

20. "I Timothy 2:11-15: Meaning and Significance," *Trinity Journal*, 1 Spring, 1980, 74.

juzgar) entre espíritus es uno de los dones del Espíritu dado a la iglesia (1 Co 12:10). El don mencionado en 12:10 es descrito por la misma raíz de *krino* y le sigue la profecía. ¿Por qué es que este don especifico en la lista de 12:8-10 no puede ser dado a las mujeres mientras que todos los otros dones mencionados si lo son? Y además de eso, aunque la capacidad de distinguir entre espíritus es un acto diferente al de la profecía, los profetas son los que son retados a evaluar el mensaje profético. "Los demás juzguen" (14:29), Pablo dice, y "los espíritus de los profetas están sujetos a los profetas" (v. 32). Los espíritus necesitan ser probados para saber si los profetas son genuinos, así como las doctrinas necesitan ser evaluadas para saber si los maestros son ortodoxos o libres de herejía.[21] El contexto de 1 Corintios 12-14 no acentúa de ninguna manera el juicio sobre la predicación. El juicio no puede ocurrir sin la profecía; tampoco puede ocurrir la profecía sin la valuación de esta misma.

El Nuevo Testamento provee ejemplos claros de mujeres quienes fueron llamadas a ser profetas. Los profetas están en segundo puesto en la lista de Pablo como prioridad en los dones que son dados a la iglesia.

TERCERO MAESTROS/AS

La sabiduría personificada como mujer toma su puesto al lado de las puertas donde los juicios son hechos y llama a todos diciendo:

> Recibid mi enseñanza, y no plata;
> Y ciencia antes que el oro escogido.
> Porque mejor es la sabiduría que las piedras preciosas;
> Y todo cuanto se puede desear, no es de compararse con ella (Pr 8:10-11).

Muy pocas, sin embargo, eran las mujeres en el primer siglo entrenadas para educar. Por eso, comprensiblemente, en el Nuevo Testamento hay aun menos ejemplos de mujeres maestras que mujeres profetisas. Aunque Pablo se llama a sí mismo un maestro,[22] él siempre menciona a los profetas antes de mencionar a los maestros. El Nuevo Testamento, no obstante, tiene una lista de algunas maestras importantes.

Priscila, quien estuvo presente en Éfeso al principio del ministerio de Pablo y luego cuando Pablo estuvo prisionero por última vez,[23]

---

21. Ej., 1 Jn 4:1-6; 1 Ts 5:19-21; Ro 16:17-20; 1 Ti 4:1; 6:3; Jn 7:14-9; Heb 13:9.

22. 1 Ti 2:7; 2 Ti 1:11-2; Hch 11:26.

23. Hch 18:18, ca. d.C. 52; 2 Ti 4:19, d.C. 67-68. Priscila y Aquila estaban en Roma en 57, Ro 16:3.

era una maestra muy capaz. En Hechos 18:26 Lucas escribió, "Cuando oyeron [a Apolo], Priscila y Aquila, le tomaron aparte y le expusieron más exactamente el camino de Dios." ¿Es "expusieron" lo mismo que enseñar? *Ektithemai* significa: "Yo expongo o explico, pongo en acción la partida, declaro, exhibo públicamente, explico en forma abstracta." La raíz básica de la palabra significa "poner afuera."[24] La palabra no tiene la connotación de una explicación simple, más bien, esta tiene una connotación de declaración pública y exposición. Lucas usa la misma palabra para describir la defensa de Pedro a los que eran de la circuncisión y la exposición diaria de Pablo a los judíos en Roma (Hch 11:4; 28:23). Como Priscila es mencionada primero en todos los manuscritos de Hechos (18:18,26), ella sin duda, tuvo que haber expuesto las enseñanzas. Además de esto, ella y Aquila no solo expusieron los caminos de Dios a Apolo, pero también lo hicieron de manera "más exactamente." El mismo cuidado que Lucas tuvo en su evangelio (Lc 1:3), también lo tuvieron Priscila y Aquila en sus enseñanzas.

Muchas veces, poca atención es dada a las "ancianas" en Creta, quienes son mencionadas por Pablo en Tito 2:3. La palabra *presbutis* o "anciana"[25] indica que podían ser lideres, especialmente en la luz del hecho de que ellas eran llamadas "maestras" (*didaskalos*). En 1 Timoteo 3:1-8 ser anciano es basado primariamente en la habilidad que obispos deben de tener de enseñar efectivamente.[26] Las ancianas en Creta tenían esta habilidad y se les fue dicho que la usaran.

EVANGELISTAS Y PASTORES

Aunque muchas iglesias se sienten libres para mandar a las mujeres a las misiones como evangelistas, en el Nuevo Testamento no hay ninguna descripción de mujeres con este legado. Solo a dos hombres se les es dado el título de "evangelista": Timoteo y Felipe (2 Ti 4:5; Hch 21:8). Los evangelistas bautizaban e instruían a las personas acerca de la salvación cristiana. (Felipe bautizó en Hch 8:12. Pablo, quien viajó con Timoteo, afirma que él no bautizaba a las personas usualmente [1 Co 1:14-17]. Por

---

24. Liddell y Scott, p. 522.

25. *Presbutis* es el femenino de *presbutes*. Ambos vienen del raíz *presbus* que puede significar una persona vieja, más importante, embajador, presidente, anciano" (Liddell y Scott, p. 1462). Para ser un "anciano" judío, las personas tenían que ser de 60 años de edad (*m. 'Abot* 5:21).

26. Ver también Tit 1:9. Anciano y obispo son sinónimos en vv. 5-7.

consecuencia, muy posiblemente Timoteo era el que las bautizaba.) Sin embargo, las mujeres si trajeron las buenas nuevas a otros: por ejemplo, las mujeres que fueron testigos de la tumba vacía y Jesús resucitado, como también la mujer samaritana al lado del pozo.

También, el Nuevo Testamento no tiene un ejemplo de una mujer que fuera pastora. Aun así, tampoco no tiene algún ejemplo de un hombre que fuera pastor. El único individuo llamado "pastor" (*poimen*) es Jesús. El pastor es la persona que protege. (*Poimen* viene de *poia*, o "proteger.") El pastor tiene conocimiento personal de la congregación, tiene compasión por ellos, es buen ejemplo, protege y juzga como una persona soberana lo haría.[27] Los pastores eran usados como metáforas para ilustrar individuos soberanos por los judíos. Filo dice sobre el emperador romano que él "siempre y en todo lugar" debía de recordar "la soberanía, que él es pastor y señor de su rebaño" (*Embassy to Gaius* VII [44]). El describe a un guardián como "un pastor de un rebaño civilizado" (*Embassy to Gaius* III [20]). Fuera de Pedro, solo los ancianos como grupo son llamados "a pastorear." Ni siquiera 1 Pedro 5:1–4 ni Hechos 20:28 tienen record de sus sexos, y aun así, vemos que Tito 2 si sugiere que las mujeres pueden llegar a ser ancianas.

Cuando examinamos el Nuevo Testamento para decidir si las mujeres deben ser ancianas reconocidas en el ministerio, es fácil darse cuenta que las prácticas de las iglesias de hoy en día y las de las iglesias en el primer siglo riñen una contra la otra frecuentemente. La presencia de mujeres que eran apóstoles, profetisas y maestras muestra que las mujeres eran aprobadas y tenían posiciones consideradas posiciones de autoridad en las iglesias del primer siglo. Estas posiciones equiparon el cuerpo de Cristo para el trabajo en el ministerio, un criterio común para un "ministro." Probablemente, el equivalente apropiado para "la cabeza" pastoral hoy en día hubiera sido obispo o el "supervisor" de las comunidades de iglesias de ayer.

OBISPOS/AS ECLESIALES

El Nuevo Testamento registra varias mujeres supervisoras, y aun así han sido pasadas por alto: la Doña Elegida, la Hermana Elegida, Febe, Evodia, Síntique, Prisca, y posiblemente, también Estéfana, Trifena, Trifosa, Cloé, Lidia, la mama de Marcos, Ninfas y Apia.

---

27. Ej., Jn 10; Mt 9:36; 25:32.

La Doña Elegida

Juan le dirige su segunda epístola a "la doña (o señora) elegida y a sus hijos" (v. 1). Hoy en día una "doña" se refiere a una mujer con modales y respeto aunque es usualmente solo una forma más formal de la palabra "señora." *Kuria* es la versión femenina de *kurios* (el señor o maestro). *Kuria* se encuentra solamente en 2 Juan (vv. 1, 5) en el Nuevo Testamento. Pablo usa la palabra *kurios* para una persona que es dueño de una finca y no esta bajo ningún guardián o administrador (Gl 4:1). *Kurios* es el guardián o patrón de la casa, o cabeza de la familia. La persona que es dueña de y supervisa a sus esclavos es un *kurios* (ej. Ef 6:5, 9). Por supuesto, "el Señor" es primeramente el nombre dado a Jesús en el Nuevo Testamento. Él es el Señor de señores (Jn 4:1; 1 Ti. 6:15). El sustantivo *kuria* significa "autoridad" o "poder." El vocativo, el cual *no* es usado en 2 Juan, en el primer siglo así como también en la práctica contemporánea, significa "señora." Además, el contexto de la carta hace que esta posibilidad no sea muy probable.

Esta mujer a quien Juan se dirige en 2 Juan no es solo un icono de autoridad, sino también es elegida, una mujer elegida para ser maestra (v. 1). Sin embargo, esta mujer muy a menudo ha sido dada por alta cuando se considera la posibilidad de una mujer líder en la iglesia. A. E. Brooke, en su comentario sobre las epístolas Juaninas, dice "De pronto, debe ser mejor ver el uso de el termino [señora] como un uso juguetón que no debe tomarse muy enserio."[28] A menudo, estudiantes de la Biblia sugieren que "la doña elegida" es una metáfora para la congregación.[29] Entonces, literalmente, Juan está dirigiéndose a la congregación. Pero, este tipo de interpretación no es probable. Si "la doña elegida" significa la congregación, entonces, ¿Quienes son "sus hijos"? Juan se dirige a los recipientes de su primera carta "mis pequeños hijos" (ej., v.1). La congregación se puede llamar "la doña elegida" o "sus hijos" de acuerdo al esquema de dialogo de Juan, pero no puede llamarse las dos.

Todos los datos son mejormente entendidos si Juan estuviera escribiendo la carta a una mujer que es la persona puesta en autoridad sobre una congregación. Él usa la metáfora singular de *kuria*[30] y para la

---

28. A. E. Brooke, *A Critical and Exegetical Commentary on the Johannine Epistles*, The International Critical Commentary (Edinburgh: T. & T. Clark, 1912), p. 167.

29. Ver *Dios habla hay* y *Nueva Versión International*.

30. En una manera parecida, Pablo usa una metáfora militar, camarada o compañero fiel para encargarse a una persona no nombrada en Filipos (4:3). Clement de Alejandría

congregación la metáfora plural de "hijos." Por consiguiente, los hijos son de "ella," como los hijos de Juan son de él en 1 Juan. Juan usa el singular y plural para el pronombre de "usted" en 2 Juan. Como lo indica la Reina-Valera, Juan usa el singular "te" en versos 5 y 13. Él usa el plural "vosotros" en versos 6–12. Los "hijos" pertenecen a una persona (v.4). Juan se dirige a esa misma persona como *kuria* (v.5), pero también escribe "vosotros" (v.12). Los "hijos" tienen que ser adultos creyentes (no menores de edad literalmente) porque Juan le exige no perder el resultado de su trabajo, "sino recibir su recompensa completa" (v.8). También Juan exige que los "hijos" no reciban "en casa" (singular) cualquier persona que no confiese que Jesucristo ha venido en carne (vv. 7–10). Es claro que Juan tiene en mente una reunión de la iglesia en alguna casa, probablemente la casa de la doña elegida. A ella se le dirige como la persona que tiene la autoridad. Es más, en el último versículo, Juan indica que hay otra mujer como ella que también es la supervisora de una congregación. Ella también es una hermana elegida, probablemente refiriéndose a que es una hermana en Cristo.

Joan Morris en *The Lady Was a Bishop* menciona además que *kuria* no fue usada por la iglesia como una metáfora para una congregación, aunque en la iglesia primitiva "elegida" algunas veces se refería a un clero ordenado. En el Nuevo Testamento Rufo, otro individuo creyente, fue llamado "elegido."[31] "Gente elegida" se refiere a miembros del clero como, por ejemplo, ancianos, obispos, ministros (o diaconos) y viudas.[32] Por ejemplo, Clemente de Alejandría, quien nació cerca de d.C. 150, concluye el *Pedagogus*:

> Mandos innumerables como estas fueron escritos en la Santa Biblia perteneciendo a personas elegidas, a ancianos, a obispos, a diáconos, a viudas (3.12).

---

también pensó que 2 Juan fue escrito a una doña de Babilonia (*Fragments of Cassiodorus* IV).

31. Ro 16:13. Aunque "el elegido" puede significar la iglesia en el Nuevo Testamento, en 2 Juan "elegida," al contrario, modifica "doña" y "doña" no se usa para una iglesia. ""Elegido" se refiere a la iglesia en Mt 24:22, 24, 31: Lc 18:7; Ro 8:33; 2 Ti 2:10; Col 3:12; Tit 1:1; y Ap 17:14. El uso de "elegida" para modificar la "doña" en 2 Juan también sugiere que la "doña" tenia que sufrir por su amor de la verdad.

32. *Testamentum Domini* (ca. 475) 1.35, 40 también describe la ordenación y oficio de viuda. "Anciana" (*presbyterae*) era un sinónimo de "viuda." Mary Lawrence McKenna, *Women of the Church: Role and Renewal* (New York: P.J. Kenedy, 1967), pp. 54–62.

Por otra parte, 2 Juan es aun mas probablemente dirigida a un individuo ya que el encabezamiento de la carta es tan similar a la de la tercera carta de Juan. 3 Juan literalmente se lee, "El anciano a Gayo, el amado, a quien amo en la verdad." 2 Juan dice, "El anciano a la doña elegida y a sus hijos, a quienes yo amo en la verdad." 3 Juan es claramente dirigida a Gayo.[33] Aparentemente Juan le está escribiendo a Gayo ya que Diótrefes, la persona que está formalmente a cargo de esa congregación, no reconoce la autoridad de Juan (v. 9). Juan no tuvo tal dificultad con las dos hermanas elegidas.

Hoy en día, los lectores no deben estar sorprendidos de que "la doña elegida" fuera una mujer que estaba a cargo de una congregación en su casa. Por supuesto, todas las iglesias se reunían en casas hasta el tercer siglo. Aun los primeros edificios de las iglesias fueron construidos imitando cuartos de huéspedes en las casas.[34] Casi todas las asambleas de los cristianos mencionadas en Hechos y en las cartas de Pablo son en casas de mujeres o, si no, de parejas: Cloé (1 Co 1:11), Lidia (Hch 16:40), la madre de Juan Marcos (Hch 12:12), Ninfa (Col 4:15), Prisca y Aquila (Ro 16:3-5; 1 Co 16:19), Filemón, Apia, Arquipo (Flm 1-2) y posiblemente Estéfana (1 Co 16:15, 17). Los líderes de la congregación de Cloé reportaron a Pablo los pleitos que ocurrían en Corinto.

Lidia, así como era la cabeza de su hogar (Hch 16:15) y hospedaba a la iglesia, también era una mujer exitosa en su carrera. El tinte púrpura que ella vendía era el más valioso de los tintes antiguos ya que era caro y un símbolo de poder y honor. Se necesitaba una cantidad considerable para hacer intercambio con la tela púrpura. Tiratira, la ciudad donde Lidia se había criado era conocida por el arte de teñir la tela púrpura. Su negocio prosperó tanto que ella tuvo que establecer otro almacén en Filipo para guardar sus fardos para poderlos llevar al resto de los pueblos alrededor de Grecia.[35] Es probable también que los oficiales Romanos en Filipo compraran su mercancía. Pablo, Lucas, Silas y Timoteo no dudaron en aceptar la hospitalidad de Lidia y, además de eso, dejar que ella tomara el papel de liderazgo en la iglesia de Filipos.

---

33. Joan Morris, *The Lady Was a Bishop: The Hidden History of Women with Clerical Ordination and the Jurisdiction of Bishops* (New York: Macmillan, 1973), pp. 1-2.

34. Robert Banks, *Paul's Idea of Community: The Early House Churches in Their Historical Setting* (Grand Rapids: Eerdmans 1980), p. 41.

35. B.H. Throckmorton, "Lydia," *IDB* 3:190; Mary Mooyart, *In the Days of the Apostles.*

Febe

Pablo le recomienda a la iglesia en Roma a Febe (Ro 16:1-2). Ya que el la llama "nuestra hermana," es claro que ella es una mujer. El la describe con dos títulos excepcionales. Ella es un ministro y una líder.

Diakonos literalmente significa "servidor." *Diakonos* llegó a ser una metáfora especialmente importante para la iglesia cristiana con el propósito de rendir servicio personal en obediencia a Cristo y para la edificación de otros. El uso secular de la palabra en el primer siglo se manifestó en la iglesia de dos formas generales del "servicio personal." Cuando el sustantivo *diakonos* refiere al individuo cristiano, es usado en homologo con "ministerio de la palabra" o "ministerio para equipar a los santos." Este uso metafórico de la palabra "ministro" parece venir del uso literal de un "servidor o ministro de un personal soberano."[36] Efectivamente, un ministro era un mensajero para su amo soberano.[37]

Cuando el sustantivo *diakonos* es reduplicado como en "ministerio del ministerio o servicio" es derivado del uso literal de *diakonos* que significa el suplir de las necesidades físicas. Un servidor puede ser la persona que sirve la comida y la bebida, o paga por la comida y bebida o suple necesidades más generales como comida, bebida, hospedaje y vestiduras.[38] Por ejemplo, Pedro describe la palabra "ministerio" (*diakonia*) de dos formas: "El que habla, hágalo como quien expresa las palabras mismas de Dios; el que presta algún servicio, hágalo como quien tiene el poder de Dios" (1 P 4:10). Dios nos ha dado un don, algunos de nosotros usamos la boca, y otros de nosotros usamos las manos. Las dos son llamadas al ministerio, y las dos son necesarias en la iglesia y las dos alaban a Dios: "Así Dios será en todo alabado por medio de Jesucristo, a quien sea la gloria y el poder por los siglos de los siglos. Amén" (1 P 4:11 NVI).

Los doce apóstoles usaron categorías similares en Jerusalén. La distribución diaria (probablemente de comida) a las viudas era el "ministerio de servicio" en contraste al "ministerio de la palabra" (Hch 6:1-6). Es claro que Esteban y Dorcas servían como ministros de las necesidades externas. La "discípula" Dorcas es una maravillosa ministra del servicio. Ella

---

36. Ej., Mt 22:13; Ro 13:4; Est 1:10; 2:2; 6:3,5. Tal "servidor" sería comparable a un ministro del gobierno, como el primer ministro en Inglaterra. Un "ministro" ayudaría al rey o la reina haciendo sugestiones y realizando y comunicando los mandamientos.

37. Liddell y Scott, p. 398.

38. Ej., Jn 2:5-9; Lc 8:3; 10:40; 12:37-38; 17:7-8; 1 Mac 11:58; Hch 6:1-4; 9:36-42; Mt 25:44; 2 Ti 1:18; 4:11, 19; Flm 13. En Ro 15:25, 31 y 2 Co 8:4, 19 la ofrenda es un *diakonos*.

era tan efectiva que la iglesia en Jope no la dejaba morirse (Hch 9:36–42). La lista de Pablo de quienes deben ser los que "edifican a los santos" en Efesios 4:11–12 son los apóstoles, profetas, evangelistas, pastores y maestros, personas que tienen orientación verbal. La orden de las viudas es una orden de oración, pero, su requisito incluye el ministerio del servicio. Una viuda verdadera debe ser una anciana bien conocida por sus buenas obras y buen huésped, que había lavado los pies de los santos y había dado alivio a los afligidos (1 Ti 5:5–10). Todos los cristianos son animados a participar de ambas clases de ministerio, pero particularmente unos hermanos(as) deben dedicarse unos a otros.

Cuando el sustantivo *diakonos* refiere a un varón individual siempre la Reina-Valera 1960 lo traduce "ministro." Pablo, Timoteo, Tito y Epafras siempre son llamados "ministros."[39] La Biblia de las Américas también llama a Tíquico, Pablo y Timoteo "ministro" (Ef 3:7; 6:21; Col 1:23; 4:7; 1 Ti 4:6). Pero la *Reina-Valera 1995*, *Dios habla hoy*, *La Biblia de las Américas* y la *Nueva Versión Internacional* todos traducen a *diakonos* "diaconisa" cuando se usa para Febe. Para algunos eruditos simplemente porque Febe es una mujer es suficiente para justificar que no puede ser llamada un ministro. Como James Hurley escribe: "Si el nombre en el texto fuera Timoteo o Judas, noventa y nueve por ciento de los eruditos supondrían que *diakonos* significa diacono."[40] ¡Si Timoteo o Judas fueran llamados *diakonos* cien por ciento de los eruditos supondrían que *diakonos* significa "ministro!" Por ejemplo, Kenneth Taylor describe a Febe como una "querida mujer cristiana" mientras Timoteo es "un pastor digno" (1 Ti 4:6 *The Living Bible*). Otra vez, vemos que ningún texto bíblico puede hablar por sí mismo. Ya que Febe es descrita por Pablo como un *diakonos* de una iglesia especifica, la iglesia en Cencrea, esta es una razón grande para traducir la palabra *diakonos* como ministro(a) en vez de "servidor(a)". La traducción de Helen Barrett Montgomery (*New Testament in Modern English*) dice: "Les recomiendo a nuestra hermana Febe, la cual es ministro de la iglesia de Cencrea."[41] La *Traducción en lenguaje actual* dice también:

---

39. Ej., Ef 3:7; Col 1:7,23,25; 1 Ti 4:6.

40. James B. Hurley, *Man and Woman in Biblical Perspective* (Grand Rapids: Zondervan, 1981), p. 124.

41. También E. Earle Ellis, concluye que *diakonoi* son "un grupo especial de compañeros de trabajo, que eran activos en predicar y enseñar," e incluye a Febe como predicadora y maestra en una congregación. "Paul and His Coworkers," *New Testament Studies* 17, July, 1971, 442–43.

"Febe, quien es líder en la iglesia." La posición que ella toma como "ministro" de una congregación particular fue el modelo para muchas otras mujeres después. Dos mujeres en Bithynia-Pontus en Asia menor fueron torturadas durante el reino del emperador Trajan (d.C. 98–117) como lideres y las personas con más conocimiento de su congregación. Después de que Pliny describe el registro de un servicio innocuo, él decide, "era necesario extraer la verdad por medio de la tortura de las mujeres esclavas quienes ellos llamaban ministros" (*The Letters of Pliny*, X.96).

Febe no es solamente un ministro, ella es también un ministro que debe ser bienvenida como digna por todos los santos en Roma y apoyada (*paristemi*) en cualquier cosa que ella necesite, porque Pablo explica: "ella ha sido una *prostatis* a muchos, y a mí mismo" (16:2). *Prostatis* ha sido traducido como "ayudador, ayuda, socorro y buen amigo(a)." Tales traducciones son más adecuadas para el verbo mencionado anteriormente *paristemi*. *Paristemi* literalmente significa "pararse, poner o colocar al lado o cerca de," mientras que la forma del verbo *prostatis* es *proistemi*, que significa literalmente "pararse, poner ante o sobre algo." *Paristemi* y *proistemi* tienen la misma raíz (*histemi*) más la preposición (*par* o *pro*). La diferencia en preposiciones da las diferentes connotaciones para el sentido "ayuda." En una, uno "ayuda por medio de lo que da" y en la otra uno "ayuda cuando gobierna." A los romanos se les pide que se pongan a la disposición de Febe y así mismo la "ayuden." Febe, por otro lado, es "una mujer puesta encima de otros" o "una que se pare al frente." No hay ninguna otra persona que es llamada *prostatis* en el Nuevo Testamento. Los Romanos deben estar a su disposición por que ella ha tenido liderazgo sobre muchos o aun sobre Pablo!

No obstante, el verbo *proistemi* ocurre unas cuantas veces en el Nuevo Testamento. El verbo con el genitivo significa "Estoy puesto sobre, soy la cabeza de," especialmente cuando hace referencia a ser el jefe o líder de un grupo; "gobierno, dirijo," y "me paro delante de para proteger," y por eso la referencia a un campeón o protector.[42] El sustantivo *prostatis* toma el genitivo en el caso de "muchos" y "mí" indicando a las personas sobre las cuales Febe ha sido puesta. Febe es un ejemplo explícito y comendable de una mujer puesta en autoridad sobre un hombre, en este caso, el gran apóstol Pablo. Uno de los dones del Espíritu es esta clase de liderazgo,

---

42. Liddell y Scott, pp. 1482–83, 1526; Thayer, pp. 539–40; 549.

la cual Pablo ordena que debe hacerse con diligencia (Ro 12:8). Es más, Pablo exhorta a los Tesalonicenses:

> Pero os rogamos hermanos (y hermanas), que reconozcáis a los que con diligencia trabajan entre vosotros, y os dirigen en el Señor y os instruyen, y que los tengáis en muy alta estima con amor, por causa de su trabajo" (1 Ts 5:12-13 BA).

Ambos el obispo y el ministro (o diacono) deben gobernar sus propios hogares también. Y como Pablo añade, "Porque si uno no sabe gobernar su propia casa, ¿cómo podrá cuidar de la iglesia de Dios?" (1 Ti 3:4-5, 12). El anciano que también "gobierna bien" es digno de doble honor (1 Ti 5:17). Pablo por consiguiente usa el verbo con las personas como objetos directos[43] para expresar, "establecido como líder." Por esta razón, el significado más probable de *prostatis* es el significado de un líder o gobernador.

Josefus usa constantemente la palabra *prostates* para referirse al líder de una nación, tribu o región, o para referirse a un líder sobre todas las cosas, Dios. *Prostates* siempre tiene connotaciones positivas. Moisés y José son llamados *prostates* de la gente así como lo son Herodes, Agripa, y Hyrcanus. Salomón fue hecho *prostates* del templo por David. Agripa se comprometió a ser un buen *prostates* en vez de ser un tiran. Hyrcanus sería un *prostates*, rey y gobernador, en vez de un amo (*despoten*), tirano y enemigo. Herodes es aclamado como un salvador y protector después de ganar una batalla. Josefus es un *prostates* como gobernador. Gadalius sería un *prostates* porque si alguien molestaba a su gente él los protegería. Antipater llama a Cesar el *prostates* del mundo. Dios es *prostates* sobre todo.[44]

Después, en la iglesia, el término fue usado para gobernadores civiles, eclesiásticos, y obispos.[45] Clemente llama a Jesucristo el *prostates*, el líder que es campeón sobre sus seguidores, "el sumo sacerdote y *guardián* de nuestras almas" y "el sumo sacerdote de nuestras ofrendas, el defensor y *guardián* de nuestras debilidades" (1 Clem XXXVI.l; LXI.3). En el

---

43. Cf. Tit 3:8, 14 "ocuparse en buenas obras."

44. Moses *Ant.* III [98]; José *Ant.* I [87]; Herodes *War* I. XIX.6 [385]; *Ant.* XIV.XV.8 [444]; XV [159]; Agripa *War* II.XI.2 [208]; Hyrcanus *Ant.* XIV.IX.2 [157]; Gadalius *Ant.* X.IX.2 [161]; Cesar *War* I.XXXII.3 [633]; Josefus *Life* 48 [205]; Salomón *Ant.* VII.XIV.10 [376]; Dios *Ant.* II [122]; IV [185]; VII.XIV.2,11 [340, 380].

45. G.W.H. Lampe, ed., *A Patristic Greek Lexicon* (Oxford: Clarendon, 1961), p. 1182.

Antiguo Testamento y Apócrifo *prostates* se puede referir a los administradores de las propiedades del rey David, los oficiales de rango más alto sobre el pueblo, el gobernador de Judea y el gobernador del templo.[46] La Septuaginta traduce *prostates* al hebreo *paqid*, que significa un oficial de rango como por ejemplo un "comisario, diputado, supervisor".[47]

Ahora, a luz de todo esto, ¿es posible que Febe sea simplemente una "buena amiga" o "ayuda"? Febe es alabada por Pablo como una líder responsable en autoridad, en contraste a otras mujeres como en Éfeso quienes estaban usando su autoridad para destruir a los hombres.

COMPAÑEROS/AS DE TRABAJO O MINISTERIO

Aunque a menudo, nosotros tenemos la idea de que Pablo era un evangelista solitario caminando en los desiertos de una ciudad a otra, a él le encantaba el trabajo del ministerio en equipo. "Compañero de ministerio" o "colaborador" (*sunergos*) incluye Pablo, Timoteo el evangelista, Silas el profeta, Apolos, Tíquico, Tito, Epafrodito, Epafras, Lucas, Onesíforo, Marcos, Filemón, Demas, Jesús Justo, Aquila y Aristarco.[48] Pablo también llama a varias mujeres sus compañeras en el ministerio. Priscila, Evodia, Síntique, y de pronto Estéfana. Trifena, y Trifosa les llama "trabajadoras."[49]

"Compañeros de ministerio (o trabajo)" viene de dos palabras que significan "trabajar juntos." Esto quiere decir "alguien que ayuda," si es puesto en la forma dativa. Pero en el caso genitivo, el cual Pablo usa siempre, quiere decir "la persona con el mismo trabajo, un colega."[50] En 1 Corintios 16:15-16 Pablo describe un hogar como este, el de Estéfana, el cual se dedicó al ministerio. Pablo exhorta, "les ruego que se sometan a personas como ellos y a todos los que colaboren y trabajan" (v. 16). Y el repite, "pues, reconoced a tales personas" (v. 18). Pablo usa el pronombre genérico masculino como sustantivo. Él no usa el término

---

46. Sanabassar, el gobernador de Judea (1 Esd 2:12); Phinehas, el jefe del templo y el pueblo (Ecclus 45:24); Simon, el gobernador del templo (2 Mac 3:4); oficiales principales para reyes (1 Cr 27:31; 29:6; 2 Cr 8:10; 24:11).

47. Francis Brown, S.R. Driver, y Charles A. Briggs, *A Hebrew and English Lexicon of the Old Testament*, p. 824.

48. "Colaborador" o "compañero/a de trabajo" o "compañero/a de ministerio" son traducciones de *sunergos* y "trabajador/a" de *kopiao*. Ro 16:3, 21; 1 Co 3:9; 2 Co 8:23; Flp 2:25; 4:3; Col 4:10-14; Flm 1, 23-24.

49. María y Persida han "trabajado" entre los Romanos (Ro 16:6, 12).

50. Liddell y Scott, pp. 1711-12.

específico para "hombre" (*aner*). En el equipo ministerial de Pablo, los compañeros en el ministerio y los trabajadores eran personas a las cuales la iglesia se sujetaba.

Pablo usa el mismo termino para "trabajadores" en 1 Tesalonicenses 5:12. Allí también, él exhorta a la iglesia para que le den el respeto merecido a estas personas. Además, muchos ministros de la palabra, apóstoles, profetas, evangelistas, pastores y maestros también son "compañeros en el ministerio" (Ef 4:12). El término "ministro" puede ser un sinónimo, ya que el término *diakonos* es una variante en los manuscritos antiguos del término *sunergos* en 1 Tesalonicenses 3:2. Por consiguiente, el uso que Pablo le da al "compañero/a de ministerio" en el Nuevo Testamento es más que "una mano ayudadora," es un individuo quien Pablo considera un colega puesto en una posición de autoridad similar a su propia posición.[51] Las mujeres también fueron llamadas "compañeras de ministerio."

Evodia y Síntique eran colegas claramente porque Pablo las llamó no solamente "colaboradoras mías" pero también mujeres "que combatieron juntamente conmigo en el evangelio" (Flp 4:2-3). La frase literalmente dice "combatir a mi lado," ya que Pablo ve el ministerio como combate. Evodia y Síntique fueron suficientemente importantes en Filipo que sus desacuerdos podría afectar la congregación entera. Priscila supervisaba varias iglesias en su hogar, enseñaba y servía como colega de Pablo cuando viajaba. Estéfana muy probablemente fue una mujer (1 Co 16:15). Estéfana es un nombre de mujer. El homologo masculino es por su puesto Estáfanos (ej., Hch 6:8). *Estéfana* puede también ser el diminutivo de *Estáfanos* (ej., *Loukas*, 2 Ti 4:11) o *Estefaneforos*.[52] El caso genitivo de cualquier nombre terminando en *-as* puede terminar en *-an*. Por consiguiente, el nombre de "Estéfana" puede ser un nombre de mujer o un nombre de hombre. Desafortunadamente, puesto que "Estéfana" tenia autoridad, comentaristas y traductores han supuesto que Estéfana fue un hombre y no una mujer. Pero cualquiera de los dos es posible.[53]

---

51. E. Earle Ellis está de acuerdo que "colaboradores" o "compañeros/as de trabajo" son colegas. También piensa que "los hermanos" es un título oficial para un grupo de trabajadores en la iglesia. Epafrodito, Tito, Timoteo, Tíquico y Apolo(s) son "hermanos" y "compañeros de trabajo." Ellis, pp. 437-52.

52. F. Blass y A. DeBrunner, *A Greek Grammar of the New Testament and Other Early Christian Literature*, trans. R.W. Funk (9th ed.; Chicago: University of Chicago, 1961), p. 68.

53. Vea Aída Besançon Spencer, "'El Hogar' as Ministry Team: Stephana(s)'s Household," *Hispanic Christian Thought at the Dawn of the 21st Century*, eds. Alvin

RESUMEN

Para concluir, el Nuevo Testamento registra muchas mujeres que fueron líderes. Pero aun mas, los escritores del Nuevo Testamento dejaron ejemplos para nosotros de mujeres en posiciones significativas, posiciones vistas con autoridad en el primer siglo y posiciones vistas con autoridad hoy en día. Junia es conocida como apóstol. María Magdalena, Juana, María la madre de Jesús, María madre de Santiago, y Salomé madre de Santiago y Juan fueron "apóstoles" por definición. Ana fue llamada profetisa, así como fue también María, Hulda, la esposa de Isaías, y Débora. Las cuatro hijas de Felipe profetizaron así como hicieron otras mujeres en Corinto. Priscila y las mujeres de Creta eran maestras. Las mujeres en Creta eran ancianas. Priscila también era una compañera en el ministerio y directora en la iglesia. La Doña Elegida y la Hermana Elegida también eran directoras en sus iglesias. Febe era directora de su iglesia y ministra. Estéfana, posiblemente una mujer, era claramente una persona con autoridad y una compañera en el ministerio. Lidia y Cloé probablemente eran también directoras de la iglesia así como muy posiblemente también eran la madre de Marcos, Ninfas y Apia. Evodia, Síntique, Trifena, Trifosa, y posiblemente María y Pérsida fueron compañeras en el ministerio de Pablo, quienes tenían cada uno sus posiciones de autoridad.

¿Por qué razón los eruditos de la Biblia no han hecho énfasis en estas mujeres? ¿Se han rehusado algunos traductores y comentaristas a dejar o simplemente nunca han expuesto la posibilidad de que las mujeres podrían tener autoridad? El razonamiento es algo como lo siguiente:

> Febe no podía ser una ministro porque era una mujer. Junia no podía ser una mujer porque era un apóstol. La Doña Elegida debe ser una iglesia porque no podía ser una doña. Estéfana no podía ser una mujer porque gente estaban sometida a ella.[54]

O, ¿Será que la falta de reconocer estas mujeres con autoridad antiguas solo existe porque las mujeres modernas no han sido animadas a estudiar la Biblia formalmente para que ellas también puedan con autoridad contribuir su perspectiva? El estudiar abre nuestros ojos a la verdad. Así como nuestras hermanas bíblicas fueron llamadas, Dios todavía llama a mujeres para ministrar.

Padilla, Roberto Goizueta, y Eldin Villafañe (Nashville: Abingdon, 2005), cap. 6.

54. W.D. Spencer y A. Besançon Spencer, "In Defense of the First Church of Tootsie," *The Wittenburg Door*, April/May, 1983, 27.

5

La visión completa

Imágenes femeninas de Dios para el ministerio

Siempre que el rabino José escuchaba los pasos de su madre decía: "Será mejor que me levante antes que llegue la Shekhinah" (*b. Kidd. 31b*).

PUEDE QUE DIOS HAYA dicho: "Dios soy, y no hombre" (Os. 11:9),[1] sin embargo los seres humanos no siempre actúan como si eso fuera cierto. En lo profundo de su psique muchas personas si sienten que Dios es un ser masculino. Sin embargo, ya que Dios es Espíritu, nada ni nadie sobre la tierra es totalmente comparable a Dios (Is 40:25; 46:9). Aun así, por amor, Dios quiere revelar su naturaleza. Dios tiene tres formas principales de revelarse: adjetivos descriptivos ("¡Dios tierno y compasivo, paciente y grande en amor y verdad!" Ex 34:6);[2] hechos a través de la historia ("Jehová nos sacó de Egipto" Dt 6:21); e imágenes. Dios ha de utilizar metáforas y símiles y otras imágenes para ayudar a los humanos entender como Dios es.[3] Si de hecho hombres y mujeres reflejan la imagen

---

1. El termino para "varón" (*'ish*) es empleado en Oseas 11:9. Ya que *'ish* es en ocasiones utilizado genéricamente para referirse a "humano," Dios pudo simplemente haberse referido a que Dios no es humano y por lo tanto es lleno de compasión. Sin embargo, *'ish* tiene que incluir por lo menos "varón." Aun así, las imágenes que Dios emplea antes y después del verso 9 son femeninas. Ver también Nm 23:19; 1 S 15:29; Is 44:9–13; Dt 4:15–16.

2. Ver Aida Besançon Spencer y William David Spencer, eds., *The Global God: Multicultural Evangelical Views of God* (Grand Rapids: Baker, 1998), cap. 1.

3. Todas las imágenes que Dios utiliza son de alguna manera como Dios mismo,

de Dios, entonces consecuentemente Dios debe usar las características y roles de ambos varones y hembras para ayudar a las personas a entender la naturaleza de Dios. De igual forma, mujeres y hombres son necesarios como modelos para ayudar a otros humanos a poder entender la imagen de Dios. Por lo tanto, si queremos que las personas maduren a la imagen de Dios, es imperativo que mujeres y hombres modelen todos los aspectos de la naturaleza de Dios. Mujeres y hombres son necesarios para participar en cada nivel de prácticas y discusiones teológicas de manera que el consejo completo de Dios sea algo aparente.

Los roles no siempre distinguen hombres de mujeres. Dios "cose", vista a otros, cocina, y provee alimento.[4] En teoría esas prácticas son comunes para mujeres en las Américas. Sin embargo, las mismas prácticas pueden no ser ciertas durante los tiempos bíblicos, donde se desarrollaban dichas prácticas. Más aun, en muchos países así como en las Américas dichas prácticas son oficios de mujeres solo teoréticamente. Realmente, muchos hombres asan carne, cocinan comidas regulares, cosen, reparan vestuarios, cuidan ganado, y sin embargo no se consideran a sí mismos en ninguna forma inusuales. Sin embargo, solamente las mujeres pueden concebir, embarazarse, dar a luz los hijos, dar de mamar, y ser madres. Solo una hembra puede ser llamada una "mujer" o "leona".

DIOS COMO MADRE (HUMANA)

Dios utiliza cada aspecto de un parto como metáfora para ayudar a los hijos de Dios a concebir su relación con su Creador. Con el fin de desprestigiar los ídolos Bel y Nebo, que hay que cargar sobre bestias cansadas y

---

pero ninguna de ellas es totalmente como Dios. Como dice Charles Williams: "Esto también eres tú; tampoco esto eres tú." El imaginarse a Dios como enteramente hombre (o masculino) o enteramente mujer (o femenino) es una blasfemia. Vea "The Ways of the Images," Mary McDermott Shideler, *The Theology of Romantic Love: A Study in the Writings of Charles Williams* (Grand Rapids: Eerdmans, 1962), pp. 11–28. Una imagen es algo que representa algo más. Incluye expresiones figurativas tales como metáforas, símiles, personificaciones, y en ocasiones, sinécdoques. En efecto, las imágenes son tipos de analogías. Dos cosas que a pesar de tener naturalezas distintas tienen algo en común y son comparadas de manera que una o más propiedades de la primera sean atribuidas a la segunda. Para definiciones específicas vea el Apéndice II, Aída Besançon Spencer, *Paul's Literary Style: A Stylistic and Historical Comparison of II Corinthians 11:16–12:13, Romans 8:9–39, and Philippians 3:2–4:13*, (Lanham: University Press, 1984), pp. 187–212.

4. Ej., Gn 3:21; Ex 16:4; Neh 9:21; Jn 21:9–12.

no pueden salvar a nadie, aun las cansadas bestias, desde el cautiverio, Dios declara:

> Oídme, oh casa de Jacob, y todo el resto de la casa de Israel, los que sois traídos por mí desde el vientre, los que sois llevados desde la matriz. Y hasta la vejez yo mismo, y hasta las canas os soportaré yo; yo hice, yo llevaré, yo soportaré y guardaré (Is 46:3-4).

Dios es súper-mamá. Mientras que los ídolos deben ser cargados, el Dios vivo carga. Los ídolos no pueden producir, pero el Dios vivo puede dar a luz niños. Pero aun más grandioso que cualquier mujer, el Dios vivo puede producir y partear niños, no solo por unas horas pero por toda una vida. Los niños son cargados y luego son puestos en alto, a salvo de cualquier peligro. ¡Así de grandioso es nuestro Dios! Además, Dios puede hacer lo que toda mujer anhela. Dios puede causar concepción y parto sin dolor (Is 66:7-9; Jn 3:5-8). Dios es la partera perfecta (Sal 71:6; 22:9). ¡Dios es bien digno de confianza!

Dios, también, es como una mujer que de repente tiene dolores de parto. En un momento Dios está en silencio y no actúa; y en siguiente momento Dios destruye y crea con la misma conmoción y la misma forma repentina en la que a una mujer le comienzan los dolores de parto (Is 42:14-16). Más aun, Dios dice, un humano no debe preocuparse en realizar preguntas de Dios que son tan inútiles como preguntarle a una mujer el porqué está teniendo dolores de parto (Is 45:9-10).

Así como estar de parto, Dios usa la imagen de una madre lactante. Los Israelitas en el exilio piensan que Dios les ha olvidado y que no tiene misericordia para con ellos. No obstante, Dios les pregunta "¿Se olvidará la mujer de lo que dio a luz, para dejar de compadecerse del hijo de su vientre?" (Is 49:15). La fiabilidad y compasión de Dios son como la de una madre lactante. Incluso su cuerpo le recuerda que es tiempo de alimentar al niño. Dios es aun más constante. Aun si una madre olvidadiza llega a existir, Dios nunca olvidará. David utiliza unas imágenes similares en el Salmo 131. Él describe a Dios como uno que lacta. Pero en esta ocasión David enfatiza la calma y tranquilidad que el experimenta cuando el confía en Dios "Como un niño destetado de su madre; como un niño destetado está mi alma" (Sal 131:2). Dios también usa imágenes de alimentación y la satisfacción del estar alimentado como imágenes para describir lo que Jerusalén puede esperar en el futuro. Aun más que satisfechos, los Hebreos serán consolados: "Como aquel a quien consuela su madre, así os consolaré yo a vosotros, y en Jerusalén tomaréis consuelo" (Is 66:13). Dios no siempre utiliza imágenes masculinas para Dios e imágenes femeninas para el pueblo de Dios o la iglesia. En ocasiones Dios invierte la imagen femenina para referirse a Dios y masculina para referirse a las personas. (La iglesia es masculina en Ef 4:13). Isaías 40-66 están repletos con imágenes maternales porque la maternidad es una metáfora muy apropiada para el entendimiento del cumplimiento de lo futuro: la capacidad de soportar cargas, producir, salvar, realizar lo inexplicable, y ser decisivo, constante, calmado, y compasionado.

DIOS COMO EDUCADOR DE NIÑOS PEQUEÑOS (O ÁGUILA)

Dios no se detiene con el embarazo, parto, o la lactancia. La relación entre madre y niño joven puede reflejar a Dios y el pueblo de Dios. Un madre o padre que ama a un hijo y consecuentemente lo educa constantemente, lo sana y alimenta, estará profundamente herido si alguien más, alguien destructivo, recibe el crédito de tal atención. Las alianzas políticas de Israel con Egipto y Asiria se asemejan a un rechazo a la confianza en el poder de Dios. Pues, Dios dice:

> Yo con todo eso enseñaba a andar al mismo Efraín, tomándole de los brazos; y no conoció que yo le cuidaba. Con cuerdas humanas los atraje, con cuerdas de amor; y fui para ellos como los que alzan el yugo de sobre su cerviz, y puse delante de ellos la comida (Os 11:3-4).

Dios no relega el entrenamiento de los hijos a un esclavo o niñera, más bien personalmente y cariñosamente lo supervisa.

La canción de Moisés registra nuevamente el constante cuidado de Dios por su pueblo. Él también reitera que nosotros, el pueblo de Dios, debemos reconocer que es Dios y no un dios extranjero quien nos cuida. Moisés desarrolla esta canción comparando la solicitación de Dios al cuidado de un águila por sus pequeños, una imagen bíblica recurrente, primeramente utilizada por Dios para describir la manera en que los Israelitas eran salvados de Egipto: "Os tomé sobre alas de águilas, y os he traído a mí" (Ex 19:4). El águila:

> Le halló en tierra de desierto,
> Y en yermo de horrible soledad;
> Lo trajo alrededor, lo instruyó,
> Lo guardó como a la niña de su ojo.

> Como el águila que excita su nidada,
> Revolotea sobre sus pollos,
> Extiende sus alas, los toma,
> Los lleva sobre sus plumas,
> Jehová solo le guío,
> Y con él no hubo dios extraño.
> Lo hizo subir sobre las alturas de la tierra,
> Y comió los frutos del campo,
> E hizo que chupase miel de la peña,
> Y aceite del duro pedernal;
> Mantequilla de vacas y leche de ovejas,
> Con grosura de corderos,
> Y carneros de Basán; también machos cabríos,
> Con lo mejor del trigo;
> Y de la sangre de la uva bebiste vino (Dt 32:10-4).[5]

Dios nos encuentra abandonados, nos rescata, nos hace un hogar, nos educa, cuida de nosotros dándonos el mejor alimento, comparable al cuidado de un águila de sus recién descubiertos pequeños. El cuidado no es dado sin amor constante. Como el Espíritu en la creación, el águila, también, "se cierne" sobre sus pequeñas aves (Gn 1:2). Comparte con sus pequeños la belleza y la majestuosidad de la tierra. La vista del águila es lo suficientemente buena para encontrar el ave abandonada. Su fuerza es suficiente para sostener el ave joven. Su nido es suficientemente alto para mantener el ave a salvo (Job 39:27).

Booz describe la decisión de Rut en seguir a Dios como tomar refugio bajo las "alas" de Dios (Rut 2:12). David hace alusión a la canción de Moisés cuando pide mantenerse como "el centro o la niña de tus ojos," oculta en la protección de las "alas" de Dios, seguro de todos sus enemigos (Sal 17:8-9). Las "alas" de Dios simbolizan el cuidado de Dios, la protección, seguridad, bondad, y ayuda los cuales constituyen un lugar de gozo.[6]

Con razón, Jesús, Dios encarnado, utiliza la imagen de un ave con alas para expresar ambos su profundo deseo de alimentar y proteger su pueblo y su angustia porque su pueblo no responde:

> ¡Jerusalén, Jerusalén, que matas a los profetas y apedreas a los mensajeros que Dios te envía! ¡Cuántas veces quise juntar a tus

---

5. El pronombre masculino es usado en Hebreo en este pasaje para el águila y sus jóvenes polluelos a pesar de que el águila es claramente femenina.

6. Sal 17:8; 36:7; 57:1; 61:4; 63:7; 91:4.

hijos, como la gallina junta sus pollitos bajo las alas, pero no quisiste! (Mt 23:37).

Jerusalén estuvo a punto de matar al Remitente, el águila vino a la tierra como una gallina. Sin embargo, las personas quienes rechazaron el cuidado y la protección de Dios entonces reciben la condenación de Dios. "Pues miren," Jesús añade, "el hogar de ustedes va a quedar abandonado" (v. 38). El otro lado del cuidado, la protección, seguridad, amor, bondad, ayuda, y gozo es juicio, desolación y miseria.

DIOS COMO GUARDIÁN (O LEONA Y OSA)

Una leona y una madre osa también pueden servir para enseñarnos acerca de Dios. La leona tiene un rugido que comanda miedo y una respuesta. De la misma manera, "Si habla Jehová el Señor, ¿quién no profetizará?" (Am 3:8). Aunque los Israelitas fueron esparcidos en exilio a través de la tierra, el Señor rugirá como leona: "Rugirá, y los hijos vendrán temblando desde el occidente" (Os 11:10). El rugido de la leona es suficientemente grande para mandar a todos sus pequeños que regresen. Dios no dejara su pueblo perdido sin guía, castigado por siempre. El Señor también le dijo a Isaías:

> Como el león y el cachorro de león ruge sobre la presa, y si se reúne cuadrilla de pastores contra él, no lo espantarán sus voces, ni se acobardará por el tropel de ellos; así Jehová de los ejércitos descenderá a pelear sobre el monte de Sion, y sobre su collado (Is 31:4).

La leona quien acaba de destrozar un animal que ha capturado desea comer y traer comida a sus pequeños. Aun una multitud de pastores no puede intimidarle ahora. Así también, el Señor puede proteger a Israel mucho más que cualquier ejército humano.

La leona y la madre oso, a diferencia de la madre águila, son además símbolos del juicio de Dios. Un perro con recién nacidos cachorros puede atacar los pies de cualquier extraño que se atreva a acercarse. Pero imagínese la respuesta que una osa tendría si le fuesen robados sus cachorros. Cuando las personas se vuelven seguras y se olvidan de aquel quien las ha hecho segura, entonces Dios dice:

> Como osa que ha perdido los hijos los encontraré, y desgarraré las fibras de su corazón, y allí los devoraré como león; fiera del campo los despedazará (Os. 13:8).

¿Donde están las fuentes falsas de seguridad de Israel ahora? Nadie puede ayudarla si cae en el juicio de Dios. Cuando Jeremías mira a la Jerusalén caída, el siente como si Dios no escucha sus oraciones. Se siente desolado. Dios es para él "como oso que acecha, como león en escondrijos; Torció mis caminos, y me despedazó" (Lm 3:10-11).

La leona y la osa nos enseñan a ambos acerca de lo femenino y sobre Dios. La hembra también puede comandar respuesta y miedo y puede causar intimidación. Cuando la hembra debe cuidar y proteger sus pequeños, como Dios, es posible que necesite destruir para llevar su labor a cabo. Nuevamente, el otro lado del conforte y la protección y la salvación es la destrucción.

EL MINISTERIO COMO TRABAJO DE MUJER

Con razón cuando Moisés se queja con Dios sobre la carga del liderazgo, él utilizó la imagen de una madre que expresa que la carga es demasiado grande:

> ¿Concebí yo a todo este pueblo? ¿Lo engendré yo, para que me digas: Llévalo en tu seno, como lleva la que cría al que mama, a la tierra de la cual juraste a sus padres? ¿De dónde conseguiré yo carne para dar a todo este pueblo? Porque lloran a mí, diciendo: Danos carne que comamos. No puedo yo solo soportar a todo este pueblo, que me es pesado en demasía (Nm 11:12–14).

Solo una verdadera madre puede cuidar de sus pequeños de tal manera como el sostener a los Israelitas. Dios es tal madre y provee dicho cuidado. Moisés, sin embargo, le es asignado setenta (o 72) ancianos para ayudarle a dirigir de manera que los setenta-y-uno (o 73) puedan soportar la carga de una madre.

Pablo también emplea la analogía de padre y madre para describir la excelencia del ministerio suyo, de Silvano, y de Timoteo entre los Tesalonicenses. Como un padre con sus niños, Pablo exhorta, anima, y encarga a los Tesalonicenses a vivir una vida digna de Dios (1 Ts 2:11). Como madres o alimentadoras, Pablo y sus compañeros de ministro no tratan de alagar. Como madres que cuidan de sus hijos, ellos comparten no solo las buenas nuevas pero también sus vidas mismas porque ellos aman a los Tesalonicenses (1 Ts 2:5–8).

Pablo también describe el regreso del Señor con la imagen de la maternidad. Aun cuando como una mujer no puede saber cuándo planificar los dolores de parto, así mismo es el día del Señor, inesperado. Además, aun cuando el parto es un tiempo de dolor, angustia, y repentino, así también el día del Señor trae destrucción a aquellas personas que están confiados en la paz y seguridad del momento (1 Ts 5:2–3). Apropiadamente Pablo expresa su disgusto por el abandono de los Gálatas de la fe al decir otra vez "sufro dolores de parto, hasta que Cristo se forme" en ellos (Gl 4:19). ¿Llegaran los Gálatas muertos? Pablo muestra así su disgusto con los Corintios al decir que les está alimentando con leche y no con alimento sólido porque ellos no están listos para el segundo (1 Co 3:1–2).

Una madre como una que ayuda al crecimiento y desarrollo es una metáfora apta para el ministerio. Niños traen consigo una carga. Pero como embajadores de Dios, nosotros, también, cargamos la preocupación de Dios por la crianza de los niños.

La metáfora femenina es apropiada para describir a Dios así como lo es la masculina. La femenina es consecuentemente apropiada para describir el liderazgo de aquellos quienes sirven a Dios. El ministerio incluye cuidado, dificultades, retos, el entregarse a sí mismo, amor, propósito, educación, crecimiento y desarrollo. La maternidad en todos sus aspectos puede reflejar el proceso de permitir la madurez. ¡Las mujeres son necesarias! Teniendo en cuenta dicha base en la Escritura y la práctica, ¿Cómo pues es que las mujeres no son apropiadas como ministras, educadoras, y teólogas? Dimensiones completas de Dios, ministerio, educación y teología están siendo oscurecidas e ignoradas si las mujeres no son propiamente entrenadas, luego invitadas, y más aun bienvenidas, a participar como lideres significantes. Ellas deben ser escuchadas, respetadas, y afirmadas una vez que lideren.

DIOS COMO DIRECTORA DEL HOGAR

Aunque este capítulo ha destacado principalmente la maternidad para distinguir lo femenino, no lo hemos hecho así porque la maternidad y feminidad son necesariamente correspondientes la una de la otra. La maternidad no es más que una función clara y específica que solo una mujer puede realizar. No obstante, Jesús usa la imagen de una mujer para describir una característica que Dios tiene, que una y muchas otras mujeres también evidencian, el cuidado y la minuciosidad. Él cuenta una parábola:

> ¿O qué mujer que tiene diez dracmas, si pierde una dracma, no enciende la lámpara, y barre la casa, y busca con diligencia hasta encontrarla? Y cuando la encuentra, reúne a sus amigas y vecinas, diciendo: Gozaos conmigo, porque he encontrado la dracma que había perdido (Lc. 15:8-9).

¿Por qué será que Jesús utilizó la imagen de una mujer? ¿A caso fue porque la mujer supervisó las cuentas financieras del hogar? Una dracma es equivalente al salario de todo un día de trabajo de un obrero. ¿O fue porque su propia remuneración era pequeña? En todo caso, ella conocía su necesidad financiera y valoraba cada porción del total de su presupuesto. Ella estaba dispuesta a trabajar duro, cuidadosamente, y minuciosamente hasta encontrar lo que buscaba. Así, ella celebró su arduo trabajo con aquellos más cercanos a ella. Dios es así.

DIOS COMO SOBERANO

A medida que los Israelitas subían al templo cantaban:

> Hacia ti, Señor, miro suplicante;
> hacia ti, que reinas en el cielo.
> Suplicantes miramos al Señor nuestro Dios,
> como mira el criado la mano de su amo,
> como mira la criada la mano de su ama,
> esperando que él nos tenga compasión (Sal 123:1-2).

Puesto que Dios es llamado aquí "él que reina en el cielo," las símiles que siguen desarrollan la imagen de un ser soberano, uno que gobierna. El Soberano en el cielo es comparado a los soberanos en la tierra. "Como mira el criado la mano de su amo (señor)" y "como mira la criada la mano de su ama (reina)" son sinónimos paralelos, indicando que ni siquiera la imagen por sí sola no es suficiente para entender al Señor "en los cielos." Así como un rey, Dios es como una reina. *Gebereth* puede tener el significado de "reina" o "ama." La palabra *'ebed* puede ser traducida "súbdito" o "esclavo, criado, siervo, obrero." El verbo básico *gabar* significa "ser fuerte, poderoso." "Reina" es una posible traducción de *gebereth* ya que en otros lugares la palabra se utiliza con el significado de *Babilonia*, reina de todos los reinos (Is 47:5,7). *Gebriah* se refiere a Tahpenes, la reina de

La visión completa   107

Egipto y esposa de Faraón (1 R 11:19) y Maaca, la reina de Judá, madre del rey Asa (1 R 15:13). En Jeremías 13:18 *gebirah* o "reina" esta emparejada con el "rey." Si *gebereth* es traducida "ama" y *'ebed* como "sierva," aun así el salmista tiene en mente uno que gobierna sobre otro, así como Sara gobernó sobre Agar (Gn 16:4; Is 24:2).

Los adoradores han conocido el temor que tienen como sujetos. Su soberano/a tiene todo el poder sobre sus vidas. Por lo tanto, ellos claman por misericordia. Por mucho tiempo sus orgullosos enemigos les han despreciado. El soberano tiene poder para recompensar y levantar. El rey o señor tiene poder sobre los siervos y esclavos. La reina o doña tiene poder inmediato sobre sus siervas. Pero ella puede ser misericordiosa. Se misericordioso con nosotros hoy —Soberano Todopoderoso.

CONCLUSIÓN

Las mujeres y los hombres no deben dudar en permitir a las mujeres conducirse basadas en el modelo de la Mujer Sabia en Proverbios (cap. 8). La sabiduría en sí misma es un aspecto de Dios que es personificado por una mujer. La mujer sabia se para en las puertas de la ciudad con los ancianos emitiendo juicios. Ella dice en voz alta, que predica y que enseña. Ella es fuerte, próspera, poderosa. Ella es justa y verdadera y conocedora. Con decisión ella recompense y también castiga. Ella da vida y muerte. "Todo cuanto se puede desear, no es de compararse con ella," ella dice (8:11). ¿No será tiempo de que la iglesia anime y afirme a mujeres a comenzar y continuar personificando la sabiduría de Dios es sus propias vidas? La iglesia necesita mujeres sabias y fuertes que prediquen y que enseñen. Si la Biblia utiliza imágenes femeninas para reflejar ciertos aspectos de Dios, ¿no debería la iglesia permitir que mujeres líderes reflejen a Dios de manera similar? Porque Dios es como madres y como todas las hembras en que Dios tiene la capacidad de soportar cargas, producir vida, salvar, realizar lo inexplicable, ser decisivo, ser minucioso y cuidadoso, ser constante, ser compasionado, ser calmado, confortante, cuidadoso, protector, ayudador, amoroso, traer gozo, comandar temor y respuestas inmediatas, intimidar, destruir, guiar, educar, alimentar, perseverar, desarrollar, gobernar, y ser misericordioso. Las mujeres pueden ser imágenes de fuerza y cuidado. La iglesia de hecho será "feliz" si sigue a nuestro Dios, y liberta mujeres de la maldición del árbol maldito para que puedan convertirse en el árbol fructífero de vida que Dios desea que ellas sean.

6

Conclusión

"Saludad a María, la cual ha trabajado mucho entre nosotros."
¿Cómo puede ser esto? ¡Una mujer es honrada una vez más y proclamada victoriosa! De nuevo son los hombres puestos en vergüenza. O aun más, no solamente somos nosotros avergonzados, sino que hemos obtenido un honor conferido sobre nosotros. Porque tenemos un honor, en que hay tales mujeres entre nosotros, pero somos puestos en vergüenza, en que nosotros los hombres somos dejados atrás por ellas (Crisóstomo, *La Epístola a los Romanos* XXXI).

CUANDO JESÚS VIO LAS multitudes desamparadas y desanimadas, fue movido profundamente a compasión. Entonces, Jesús mandó a sus discípulos a orar para que el Dueño de la mies envíe obreros a su mies (Mt 9:36–37). Más aún cuando los setenta y dos (o setenta) fueron comisionados, Jesús continuó mandando a los discípulos a orar por más obreros (Lc 10:2). Frecuentemente, Dios ha sorprendido a la iglesia con los obreros que ha enviado. Y muchas veces la iglesia ha esperado con placentera expectación. Sin embargo, en otras oportunidades, la iglesia no ha estado complacida. Las mujeres responden con frecuencia a la dirección de Dios.[1] Aunque, para servir efectivamente ellas necesitan emplear los dones que Dios les ha dado para testificar de la presencia de un Jesús vivo, predicar a la gente acerca del mensaje de Dios hoy, enseñar y explicar todos los mandamientos de Dios, dirigir en adoración, proveer comida,

---

1. Para ejemplos ver Ruth Tucker, *From Jerusalem to Irian Jaya: A Biographical History of Christian Missions* (Grand Rapids: Zondervan, 1983).

habitación y vestido, y para traer el reino de Dios a la tierra así como es en el cielo.

RESUMEN

Hemos aprendido de Génesis 1-2 que una de las razones por las cuales las mujeres responden tan prontamente al llamado de Dios para trabajar y recoger la mies es porque ellas fueron creadas para gobernar la tierra, cultivar y cuidar el jardín, juntamente con los hombres, como sus amigos e iguales. La cosecha era abundante aun en Edén, como lo fue en los años del ministerio de Dios encarnado, y como lo es hoy. La intención de Dios fue que hombres y mujeres compartieran las tareas y la autoridad para reflejar la imagen de Dios completa; y para alcanzar de una mejor forma las metas de Dios. Eva era muy intelectual y estética. Desafortunadamente, ella, junto con Adán, buscó ser sabia intentando ser como Dios. Ella tomó el camino absurdo hacia la sabiduría.

Cada uno de los castigos que Eva y Adán recibieron reflejaron su estado previo a la caída y sus pecados. La obediencia a las tareas de Dios ahora implicaría trabajo duro. Más aún, la relación amorosa entre la fuente y su derivación se había roto. Tal como la tierra viene a gobernar a Adán, así el hombre viene a gobernar a su mujer. Aún la maldición no permite a ningún hombre gobernar a ninguna mujer. Luego de que la fruta ha sido comida Eva y Adán empiezan a tomar la semejanza del tentador: vergüenza, independencia, e irresponsabilidad. La respuesta inmediata de Dios en Edén y la respuesta después en la cruz son ambos los modelos y agentes efectivos para mostrarnos y darnos poder para ir más allá de la maldición, para vivir vidas afectadas por la redención.

Jesús, con su ejemplo y enseñanzas, revirtió de nuevo las intenciones originales de Dios en la creación, en cuanto a la participación completa de las mujeres en las tareas publicas de la vida. Él también las liberó de la dominación masculina establecida a causa de la caída. En contraste con las enseñanzas y prácticas judías contemporáneas, Jesús cambio lo que las mujeres podrían hacer y sus prioridades. Él exhorto a las mujeres a buscar entrenamiento religioso desafiando las tradiciones que excluían a la mujer en el aprendizaje de la Torá, porque la función de la mujer como ama de casa era primordial. Nuevamente, Jesús desafiaría las enseñanzas de hoy las cuales están restringiendo a las mujeres de una participación completa en el servicio cristiano por las mismas razones que los rabís lo hicieron en el primer siglo. Jesús quiso que las mujeres fueran redimidas de la maldición para aprender que ellas también estuvieran listas para testificar como apóstoles en la resurrección. Jesús también habló con mujeres en público para que el temor de impureza nunca limitará la educación o la comunicación genuina.

Pablo, al igual que su maestro Jesús, similarmente desafió los fundamentos de las tradiciones judías, en ambas sus enseñanzas y práctica. Ser "uno" bíblicamente siempre tiene ramificaciones espirituales y sociales. Cuando Pablo incluye mujeres con hombres como herederos, él también muestra que por el Mesías ahora ellas nuevamente, juntamente con hombres, están para ser soberanas sobre la tierra bajo la dirección del Soberano sobre todos. Las mujeres deben ser herederas que reciben las bendiciones completas de Dios. Con el fin de hacer posible este tipo de liderazgo, Pablo manda a las mujeres a aprender en una manera rabínica para que ellas puedan tener completo conocimiento de la verdad de Dios. Aunque Pablo exhorto a los hombres y mujeres casados que trataran sus familias como su ministerio, él asumió que la educación religiosa de las mujeres era más importante que los quehaceres de la casa. Sin embargo, Pablo restringió a las mujeres de enseñar hasta que ellas estuvieran bien instruidas y de no usar autoridad en una manera destructiva. Las mujeres en Éfeso se parecían a Eva en que ambas fueron engañadas por una enseñanza no ortodoxa. Como a Eva, su búsqueda por el conocimiento las dirigió a un camino destructivo. Pablo estaba llevando más lento el proceso que lleva a la libertad y a los derechos completos para que las mujeres puedan ser participantes genuinas e iguales en el ministerio. Desafortunadamente, las palabras de Pablo a Éfeso, como la serpiente parafraseando el mandamiento de Dios en Edén, se han hecho mucho más extensivas de lo que las palabras literalmente significan. Más aun, los medios que utilizó Pablo se han convertido en el fin mismo. Las mujeres se han mantenido bajo la ley, el maestro de escuela. La intención de la ley ha sido ignorada. En donde se encuentre la analogía entre Eva y una mujer engañada y ahora iluminada, ya no es válida ahora, por lo tanto la restricción ya no se aplica.

La propia afirmación de Pablo de mujeres en posiciones de liderazgo muestra que su restricción de mujeres en Éfeso tiene que ser limitada. El Nuevo Testamento testifica de mujeres a las que se les ha dado dones de Dios para posiciones de autoridad. Las mujeres eran apóstoles, profetas, maestras, compañeras de trabajo, ministros, y encargadas de la iglesia.

Pablo afirma a Junia, Priscila, y Febe. Febe y Priscila están claramente enseñando y liderando a hombres. La Biblia también registra las posiciones de liderazgo de María Magdalena, Juana, María, Salomé, Ana, Hulda, Débora, las cuatro hijas de Felipe, Lidia, Cloe, la Doña Elegida, y su Hermana Elegida. Una multitud de mujeres testifican del llamado de Dios para las mujeres para liderar la iglesia.

Lo que hemos visto en ejemplos y enseñanzas, también lo hemos visto en imágenes. Dios usa las posiciones y características de ambos, hombres y mujeres, para ayudar a los seres humanos a entender la naturaleza de Dios ya que ambos mujeres y hombres reflejan la imagen de Dios. Dios usa cada aspecto de nacimiento y maternidad, educación primaria, el manejo del hogar y la soberanía femenina para enseñar a los seres humanos acerca de cómo es Dios. Dios incluso usa a la leona y a la osa como ilustraciones. El ministerio en sí mismo es explicado a través de imágenes femeninas. En el proceso, muchas de las llamadas verdades obvias acerca de la feminidad han resultado ser falsas. Por el contrario de ser las mujeres pasivas y sumisas,[2] ellas, como su Creador, pueden ser fuertes, perseverantes, confiables, compasivas, consoladoras, generosas, y madres decididas. Las mujeres pueden personalmente cuidar, amar, proveer, compartir, proteger, dar gozo y ser celosas de la manera correcta. Las mujeres pueden poderosamente mandar, juzgar e intimidar. Las mujeres pueden ser cuidadosas y minuciosas (características académicas claves).

¿Las mujeres son llamadas por Dios al ministerio? He demostrado que, en los textos que describen los tiempos antes y después de la caída y las enseñanzas y práctica de Jesús y Pablo, la respuesta de la Biblia es un rotundo, "¡Si!" Pero la maldición se ha convertido en una licencia para la opresión. La ley se ha convertido en un maestro de escuela que nunca ha sido promovido. Los cristianos serios que aman a su Creador y honran las Escrituras deben afirmar, animar y escuchar a las mujeres que desean reflejar y celebrar a Dios y liderar y enseñar a otros acerca del Dios Único, el Salvador, quien, como María canta, "ha mirado la humilde condición de esta su sierva" (Lc 1:48).

---

2. Por ejemplo, para Donald G. Bloesch la feminidad es "la receptividad y obediencia amante"" mientras la masculinidad es "iniciativo y poder." *Is the Bible Sexist? Beyond Feminism and Patriarchalism* (Westchester: Crossway, 1982).

ALGUNAS CONSECUENCIAS

A medida que las mujeres empiecen y continúen tomando sus posiciones como líderes en promover el reino de Dios, la iglesia podrá ver con una visión más completa las intenciones de Dios. Aunque comprensiblemente las mujeres se sienten ambivalentes acerca de la subordinación,[3] sin embargo, encuentro remarcable que muchos de los evangélicos mujeres y hombres que promueven la participación completa de la mujer en el ministerio a través de libros, le han recordado a la iglesia el uso continuo de Jesús de la imagen esclavitud voluntaria para comprender su propio estilo de liderazgo, el cual tenemos que imitar. Letha Scanzoni y Nancy Hardesty escribieron en 1974 que en "la vida nueva en Cristo" todas las personas son mutuamente interdependientes la una con la otra.[4] Tres años después Virginia Ramey Mollenkott organizó su estudio de *Women, Men and the Bible,* sobre la tesis: "La manera cristiana de relacionarse es sumisión y servicio mutuo," no "el principio mundano de dominio y sumisión."[5] En el mismo año Patricia Gundry concluyó: "No necesita un papa, obispo, sínodo o concilio para que le diga lo que debe creer o cómo debe servirle a Él. Todos nosotros somos reyes y sacerdotes delante de Dios."[6] En 1982 E. Margaret Howe defendió la necesidad de tener estructuras eclesiásticas creativas y liderazgo basado en los dones espirituales. El oficio de liderazgo de la iglesia "es un oficio centrado al servicio el cual siempre debe permanecer lo suficientemente flexible para adaptarse a las necesidades y oportunidades cambiantes." [7] También, Mary J. Evans, les recuerda a sus lectores "que liderazgo en el Nuevo Testamento siempre es visto en términos de servicio en lugar de estatus." Ella concluye que "necesitamos una reevaluación drástica de toda nuestra perspectiva" si hombres y mujeres existen "para vivir su diversidad, unidad y complementariedad." [8]

---

3. Judith Plaskow, por ejemplo, explica que el sacrificio de sí mismo puede representar "una puja sutil para poder o un instrumento por el cual se puede manipular la familia." *Sex, Sin and Grace: Women's Experience and the Theologies of Reinhold Niebuhr and Paul Tillich* (New York: University Press of America, 1980), p. 152.

4. *All We're Meant to Be*, p. 205.

5. *Women, Men and the Bible* (Nashville: Abingdon, 1977), pp. 20, 138.

6. *Woman Be Free!* (Grand Rapids: Zondervan, 1977), p. 111.

7. *Women and Church Leadership*, p. 69. Ver también cap. 11.

8. *Woman in the Bible: An Overview of all the Crucial Passages on Women's Roles* (Downers Grove: InterVarsity, 1983), pp. 109. 132.

¿Quién es el mayor entre nosotros? Jesús dijo "Si alguno quiere ser el primero, que sea el último de todos y el servidor de todos" (Mc 9:35 NVI). Cuando Jesús, que es el Señor de señores y Maestro de maestros, se inclina para servirnos, nos impresionamos. Sin embargo, cuando nosotras las mujeres, quienes ya hemos sido tratadas, y nos percibimos a nosotras mismas, como siervas de la sociedad, nos inclinamos para servir a otros, simplemente parece ser que estamos "en nuestro lugar." Muy pocos se impresionan. Sin embargo, estas feministas evangélicas han abrazado su herencia para percibir el nuevo llamado inquietante de Jesús para todos nosotros. Hemos de ser servidores del Soberano. Primero, servimos al Soberano. Segundo, como embajadores de Cristo, servimos a otros. Mientras más poder las mujeres tengan, más significativo será su servicio.

¿Qué nuevas ideas recibiremos en lo profundo, de los siempre brotantes ríos de agua viva si buscamos la completa participación de todos los cristianos mujeres y hombres? Juntos podemos visualizar una visión más fuerte y más completa, tomados de la mano al tratar de mantenernos mutuamente dentro del camino estrecho, un corredor avanzando hacia el santuario celestial en donde una gran asamblea proclama la majestad y el reino del Dios Todopoderoso (Ap 19:6). Las mujeres tienen mucho que enseñar a la iglesia acerca de cómo la Esposa puede estar preparada.

Igualando Edén
Un epílogo práctico del hombre

William David Spencer

Doctor:	(seriamente) Sí, confío en la mujer.
Smith:	Usted confía en una mujer con asuntos prácticos de vida o muerte, después de horas sin dormir, cuando una mano temblorosa o un grano de más podrían matar.
Doctor:	Sí.
Smith:	Pero si esa mujer se levanta temprano para atender un servicio en mi iglesia, usted la llama débil de mente y dice que nadie puede creer en la religión sino que la mujer.

G.K. Chesterton, *Magic: A Fantastic Comedy,* Act II.

USUALMENTE A LOS HOMBRES los acusan de ser la cabeza (el que teoriza, una persona fríamente razonable y la cabeza abstracta de una relación entre un hombre y una mujer) al contrario de la mujer la cual se enfoca en los problemas de un modo cariñoso, práctico, centrado en los sentimientos, usando el lado derecho del cerebro y con el corazón. Por lo tanto, parece una anomalía el que un hombre escriba una respuesta empírica a esta minuciosa proeza exegética que le acaba de preceder.

HISTORIA COMPARTIDA

Tengo doble razón para escribir mi respuesta práctica. Primero, debido a que cuando Aída ha presentado descubrimientos como este a sinceros hombres cristianos en el pasado, las preguntas son raramente exegéticas o lógicas; siempre han sido emocionales. Segundo, ¿me pregunto si el prototipo tradicional nos ha vinculado correctamente? ¿Es verdad que todos los hombres somos los fríos, despiadados machos racionales que sacrifican a sus abuelas por la verdad, o es que la mayoría de nosotros somos, más que todo, héroes como en las novelas de P.G. Wodehouse, que amamos disfrutar de la vida, jugar con palabras y evitar escenas incómodas hasta que mujeres serias e intensas nos obliguen a lidiar seriamente con situaciones? La enorme verdad llegó a mí por la fuerza en el 1974 en un prominente seminario evangélico en donde un valiente cuerpo de estudiantes, en conjunto a la Sociedad Teológica Evangélica (E.T.S.), invitó a Aída a presentar los primeros de sus descubrimientos en el liderazgo de la mujer, cuando este iba a ser publicado en la revista de la E.T.S. Cuando ella terminó, nos asombramos al descubrir que yo fui bombardeado de preguntas al igual que ella. Los hombres me preguntaban, "¿Cómo se siente tener una esposa que es ministro? ¿Lo encuentras amenazante? ¿Qué pasa cuando tienes que tomar una decisión? ¿Quién tiene el poder final para decidir?" Extrañamente, todo el razonamiento cuidadoso de Aída y erudición en su análisis final parecía secundario. Por supuesto, los hombres sí apreciaron su cuidadosa exégesis. Durante el break para el café, yo circulé entre los seminaristas—irónicamente incógnito al ser hombre—y me sentí encantado al escuchar saludos a las personas nuevas, "¡Se ha acabado de perder una gran charla!" Pero aparentemente el impacto esencial de la presentación no paró en su razón, sino que se precipitó aun más profundo y así marcó sus emociones. El hecho es que desde ese día en donde nuestros ojos fueron abiertos, hemos notado que la mayoría de las preguntas que las personas nos hacen son pertinentes al liderazgo ordenado de la mujer (por más términos teológicos que se usen o hábilmente disfracen para parecer objetivamente bíblico) y en realidad proceden de sus historias personales. Un ministro una vez nos preguntó lo que él consideraba era la pregunta final más desafiante, "Si ustedes se ven como iguales, al final del día, ¿quién habla acerca de su día primero?" ¡De veras!

La ironía de este predicamento es aun más enfatizada porque cuando ella comenzó a estudiar el asunto del rol de la mujer como líder en la iglesia en el 1971, Aída intentó ser lo más objetiva posible. Ella no fue criada en una familia evangélica y había ido alegremente al seminario a aprender más de Jesús. Como muchos cristianos nuevos que no han descubierto que debemos ser tímidos acerca de Jesús, ambos habíamos estado ministrando naturalmente desde nuestros compromisos durante los años en la universidad gracias a la Asociación Cristiana InterVarsity de Rutgers/Douglass.

Después de la graduación Aída decidió convertirse en una organizadora comunitaria en Plainfield mientras que yo comencé a hacer trabajo en la calle, puerta a puerta, en Newark, New Jersey. Todos aquellos que se acuerdan de las revueltas que arroparon a los Estados Unidos en los 1960, se acuerdan de aquellos sorprendente intentos de recuperación donde personas de adentro y fuera de la ciudad buscaron descubrir por qué la crítica masa urbana se había detonado y cómo se podía evitar que estas explosiones se repitieran. Aída trabajó con "Community Action Program" y con "Model Cities" en los años 1969 y 1970 primero como secretaria de la oficina y luego como la organizadora de la comunidad hispana. La inutilidad de hacer que la gente de clase baja simplemente fuera gente de clase media la frustraba cada vez más. Ella vio que esta tarea, por más necesaria que fuera, no estaba dirigida a la raíz del mal; sino que solamente a los síntomas. El ver a los oprimidos convertirse en opresores la llevó al seminario en búsqueda de encontrar un diagnóstico que pudiera dictar la terapéutica real. Fue en este contexto que un día, en la cafetería del seminario de Princeton había una mesa llena de hermanos evangélicos, quienes supongo habían comido tanto que la sangre de sus cerebros se le había drenado momentáneamente, dejándolos sin empatía ni cortesía, se acercaron a ella verbalmente con el reto "¿Qué haces en el seminario cuando se supone que la mujer no hable?" Lo único que ella había dicho fue "Hola." Ellos se rieron y siguieron hablando de sus temas, pero ella estaba pasmada y aturdida. Aída nunca había escuchado que se aplicara ese pasaje antes en sus cinco años que llevaba como cristiana.

Por un momento silencioso ella evaluó el significado de este reto. La ordenación no era un problema para ella. Ella no tenía la intención de ser ordenada. ¿Quién, a fines de los años 1960 y principios de los 1970, había conocido a una de esas mujeres en fuego por el ministerio? Además, en estos tiempos rebeldes, ¿quién en su sano juicio quisiera ser un ministro? Ciertamente no una organizadora de la comunidad hispana que estaba tomando un hiato de tres años para aprender a cómo hacer que la gente de clase baja sea algo más que la gente de clase media. Lo que la inquietaba era el reto implícito que la mujer no tenía derecho a aprender en un seminario. Tal conclusión pareció atacar el fundamento de todo lo que el cristianismo reveló ser para ella. ¿Acaso Jesús no estaba comprometido en convertir a todos los creyentes en sus discípulos? Sus profesores le fueron de poca ayuda. Uno de sus mentores simplemente le aconsejó, "No te preocupes, eso no se refiere a ti." "¿Por qué no? ella preguntó. Al él no tener una respuesta adecuada, ella emprendió un estudio de tres años que culminó con el artículo del 1974 el cual se ha convertido en un trampolín para crear una posición evangélica sensible acerca de la mujer. Observándolo de nuevo, su esencia se ha tejido en la tela del capítulo 3 en Pablo y su punto de vista en 1 de Timoteo 2 en el volumen presente, uno puede ver cuán importante fue la pregunta acerca del aprendizaje de la mujer y como sigue siendo importante para las estudiantes que son mujeres. Sin embargo, el subproducto fue igualmente interesante. Como he mencionado, Aída no estaba particularmente interesada en la ordenación en este momento, ya que no tenía ningún precedente que la dirigiera a esto y no lo había considerado un estado deseable. Su sentido del llamado era simplemente servir a Dios y aprender más acerca del carácter de Dios y de las direcciones de Dios para una vida cristiana. Pero mientras ella estudiaba la pregunta, se asombraba cada vez más por la anomalía presente en el texto. Pablo, quien se había rodeado de mujeres líderes, aparentaba en la superficie prohibir el liderazgo de la mujer. ¿Cómo podría ser esto?

El problema aquí no era nada más que la confiabilidad en el texto mismo. En la mayoría de los asuntos teológicos, como muchos de nosotros sabemos, hay un debate saludable e iluminante acerca del significado de los textos. Este es uno de esos asuntos, sin embargo, donde no creo que haya un debate saludable. El modo en el cual este debate muchas veces discordante acerca de este asunto ha tomado lugar en los últimos años es de tal manera que ambos extremos han sentido necesario descartar a Pablo o a sus compañeros de trabajo.

Sin embargo, los creyentes fieles no deben alterar el texto. En el último análisis, la opción interpretativa, así como la que Aída propone, no es realmente una opción. Es una de las únicas alternativas. Los dos extremos opuestos no son realmente opciones exegéticas en el análisis final ya que estas hacen más cirugía que exégesis. Estas desmiembran parte del texto, dejando miembros mutilados colgando en el espacio.

Algunas feministas, tristemente empujadas contra la pared, han buscado callar la imagen masculina de Dios como consecuencia a aquellos traductores conservadores y arraigados que por siglos han tapado y escondido la imagen femenina de Dios. Después de todo, las buenas nuevas se suponen que sean una proclamación de libertad para los cautivos. Sin embargo, algunos teólogos lo han convertido en un manual para guardias. Es así como los cautivos se rebelaron y rechazaron las malas nuevas que fueron presentadas ante ellos en lugar de las buenas nuevas. Sin embargo, Dios ha empleado ambos tipos de imagen, hombre y mujer, como revelación, basando la presentación de la paternidad de Dios del Nuevo Testamento en el contexto del Pacto Antiguo de la maternidad de Dios, como bien vimos delineado en el último capítulo, "La visión completa." Por tanto, un verdadero exegético no alteraría el texto, sino que haría lo que Aída hizo, mantener fuera las imágenes y dejar que el texto hable. De lo contrario, no hay un debate exegético real, sino que simplemente una mala traducción perniciosa y la guerra de los sexos usando el texto como campo de batalla. Lo que necesitamos esencialmente es más obediencia, humildad responsable al contenido, revelación, y ser aconsejados por las Escrituras. Nosotros debemos ser guiados por donde el texto nos lleve. ¿En que otro lugar se encuentra las palabras de la verdad? Esta es la meta de cualquier verdadero exégeta: escuchar el texto hablar. Esta meta fue el punto de partida del primer estudio de Aída. Como ella no tenía el obstáculo del deseo de ser ordenada y tener que hacer que todo se escuche "bien," su preocupación era mucho más profunda que esto. ¿Debería la mujer aprender en el seminario? ¿Debería la mujer predicar las buenas nuevas?

La búsqueda de una respuesta para estas preguntas la introdujo a la recopilación bíblica de Pablo y sus compañeros de trabajo, y fue ahí donde ella estuvo rodeada por un ejercito de mujeres lideres articuladas y respetadas. Su lista de resultados, presentada en el capítulo 4, se lee como un volumen perdido de ¿Quién es quién? ¿Cómo puede ser esto? se preguntó ella asombrada. "¿Por qué no había escuchado de ninguna de estas mujeres? Era obvio que algo estaba pasando no solamente en la superficie sino en lo profundo del texto en Timoteo. No hay persona alguna, especialmente una persona tan astuta y perspicaz como el apóstol Pablo, que categóricamente reparta consejos exclusivos mientras se contradice al viajar en compañía con esta misma antítesis de la cual ha estado aconsejando.

¿Por qué la consistencia de Pablo no ha sido obvia para nosotros? ¿Por qué no hemos reconocido la existencia de las compañeras de trabajo de Pablo e interpretado sus escrituras bajo el contexto de ministerios compartidos entre el hombre y la mujer?

El hecho es que en nuestra cultura, enterrada bajo escombros de socialización como: "sé un hombre!" y "los hombres no lloran," "la carga del hombre blanco," y por el otro lado, frases como "mi media naranja," parece que hemos llegado a creer que Dios es solamente un hombre blanco, rubio y de ojos azules y como resultado, los hombres caucásicos son los guardianes principales o aun los únicos guardianes de la verdadera religión.

El punto se hizo obvio cuando la Catedral Divina del Santo Juan en Manhattan expuso una escultura de Jesús como mujer, "Christa," hecha por Edwina Sandy. Como respuesta ferviente, una mujer puso su objeción en palabras para la revista de *Time*: "Es vergonzoso. Dios y Cristo son varones. Están jugando con un símbolo en el cual hemos creído todas nuestras vidas."[1] Para muchos de nosotros, Dios es verdaderamente un hombre anciano cósmico con una barba larga y blanca, o para los más sofisticados, un razonable fax espiritual.

La pregunta que surge es una extremadamente importante. ¿Puede el Cristo ser representado simbólicamente como mujer? En ese sentido, ¿puede Jesús ser representado como negro, así como la Morenita (un Jesús negro y una María negra en Montserrat en Cataluña, España); como asiático, así como en la novela *Silence* de Shusaku Endo; como oriental, así como muchos de los retratos catalogados en libros como *Christian Art in Asia* de Masao Takenaka o *Christian Art in Africa and Asia* de Arno Lehmann; sin mencionar la iconografía de la Iglesia Bizantina?[2] ¿Puede el Cristo ser representado como un indio americano? ¿Como un esquimal? ¿Como un animal—así como C.S. Lewis lo hizo en sus historias de Narnia o como Robert Siegel lo hizo en su libro *Whale Song*? Más específicamente: ¿puede Jesús verdaderamente ser representado como un caucásico rubio de ojos azules? El artista británico Curtis Hooper, del Sudario de Turín, ha intentado reconstruir a Jesús para lo más parecido posible a la imagen del judío del primer siglo.[3] Su Jesús es sin duda un judío semítico antiguo. ¿Cuándo Dios nos dió el derecho de permitir que la representación del Cristo como rubio de ojos azules fuera la única excepción mientras que describimos todas las otras representaciones como heréticas? Jesús de

---

1. Time, May 7, 1984, 94.

2. Ver William David Spencer, *Dread Jesus* (Eugene: Wipf & Stock, 1999), 3, 23–31, 130.

3. Ver "Is This What Jesus Really Looked Like?" *Christianity Today*, March 16, 1984, 40.

Nazaret era un judío semítico del primer siglo, pero Mateo 25:40 nos dice que el Cristo está en las caras de aquellos que sufren. ¿Acaso no hemos estado escondiendo nuestros rostros del sirviente feo, triste y quebrantado que sufre y en vez hemos buscado al excelente conquistador rubio?

Confrontado con esta verdad, la tendencia natural del hombre que ha sido iluminado es dejar todo atrás y tomar la ruta "mea culpa," tornando a todos los hombres en niños serviles y viendo a todos los hombres (y norteamericanos y blancos de clase media) como los pecadores principales. Y muchas veces nos tratan de esa manera. Surgía haber una franja hostil en el movimiento moderno de las mujeres cuando revivió por primera vez después del libro que cambió todo en el 1963: *The Feminine Mystique* por Betty Friedan, el cual fue relanzado por la Organización Nacional de la Mujer (NOW) tres años después. Me acuerdo que aun en círculos evangélicos a mediados de 1970 yo era uno de los pocos hombres en la primera Conferencia de Mujeres Evangélicas (E.W.C.) en Washington y fui atacado cuando intenté dar una contribución. Así que, decidí ser más inteligente y no hablé en la próxima sección de grupo, en la cual fuí atacado nuevamente, esta vez por no hablar. Afortunadamente, hubo mujeres sensibles que me defendieron y me mantuvieron en el movimiento.

En 1981 Betty Friedan anunció en el frente secular, de acuerdo con un artículo del servicio de noticias de Knight-Ridder:

> "Algo verdaderamente profundo está pasando con los hombres americanos," dijo Friedan... "Nuestra arma secreta, la nueva fuerza política para la segunda etapa es el hombre." [4]

En 1982 y 1984 noté un movimiento similar en la Asamblea de las Mujeres Evangélicas (E.W.C.). Toda hostilidad mordaz en contra del hombre ha desaparecido en su sucesor: Cristianos por la Igualdad Bíblica (C.B.E.). Muchos hombres, en las afueras, por supuesto, se han perdido esto y siguen actuando como si vivieran en el 1963. Por lo tanto, todavía reaccionan como si fueran arraigados y acosados, y sus actitudes de defensa perniciosas eliminan las mujeres que han despertado la consciencia en la historia, forzando a que recreen este movimiento nuevamente, como si fuera la guerra femenina/masculina de Gettysburg.

---

4. Mary Grossmann, "Beginning Round Two of the Battle of the Sexes... Friedan says Men Are the Secret Weapon," *The Louisville Times*, May 7, 1981, B12.

Como resultado, muchos de los hombres que encuentro generalmente toman solamente una de estas dos decisiones, ser dios o ser el diablo. Pero en realidad, ninguna de estas es válida. Dios ha creado al hombre con limitaciones físicas, espaciales y emocionales en un espacio de tiempo limitado y nos ha dado compañeras, familias, comunidades y el cuerpo de Cristo para sostenernos. La limitación esta integrada en nuestra definición. Estamos limitados por el tiempo, energía, fatiga, espacio, otros, y eventualmente por la muerte. El entender esta realidad verdaderamente nos libera en vez de limitarnos. Nosotros como hombres no tenemos que ser Dios, y a pesar de las ilusiones maníacas de Aleister Crowley, no somos el diablo. Somos una parte significante del conjunto. Somos un músculo en el fuerte torso. Podemos contribuir plenamente a nuestra misión, permitiendo que otros también hagan contribuciones similares. Aquellos hombres que no aprendan esta verdad ponen sus futuras viudas y huérfanos en un gran dilema cuando se sucumben al estrés del trabajo excesivo. Ellos dejan mujeres frustradas en la iglesia, en el trabajo, en el pueblo, y están deseosos de golpear a la próxima persona que se le acerque y los mire mal.

Parte de este camuflaje es que leamos el argumento erróneo una y otra vez que dice que toda la participación de la mujer en la vida fuera de los confines del harén de la casa es un nuevo fenómeno, esto es un producto de los últimos 20 años. Reuters reportó que unos arqueólogos excavaron cerca de la aldea de Moldavia en Balabany en el 1977 los restos de una mujer guerrera "Amazónica" del cuarto o quinto siglo d.C., enterrada con su caballo de batalla, espadas, lanzas y, por supuesto, sus aretes de oro. Ella era una guerrera de los Escitas, una tribu de los antiguos nómadas que vagaban por el norte del Mar Negro.

Para muchos de nosotros, las mujeres que se encuentran en el ejército se consideran por debajo de la línea más baja en categoría. En cambio, esta mujer antigua fue enterrada con todos sus honores militares.[5] Aída nos ha enseñado como el mismo tipo de liderazgo, convertido al contexto pacífico apropiado del cristianismo, fue real en la mujer de la iglesia primitiva. El único factor real aquí no es la participación repentina de la mujer hoy en día sino el hecho que, tradicionalmente, nosotros los hombres hemos escrito historia y dejado a la mujer fuera de las historias. En vez de contar la historia completa, hemos utilizado escritos históricos

---

5. "Old Battleaxe," *The Star-Ledger*, December 2, 1977, 2.

como una manera de celebrarnos a nosotros mismos y a lo que consideramos son nuestros éxitos. Estoy seguro que el acto de omitir las contribuciones de la mujer no fue hecho con malicia sino por negligencia. Nosotros los hombres simplemente no estábamos interesados.

El bibliotecario Dee Brown a hecho un servicio a la comunidad de indios americanos (al igual que Ruth Beebe Hill y otros), intentando salvar una historia india de Norte América en su libro *Bury My Heart at Wounded Knee*. Los expansionistas anteriores simplemente no estaban interesados en toda la verdad sino solamente en la parte de la verdad que hacía nuestra historia sabrosa y cada vez más gloriosa. Por lo tanto, ya que el punto era autojustificación, en otras palabras, justificación corporativa y nacional, el rol que la mujer, al igual que los indios, jugaron no avanzaban esta agenda y por esto fue omitida.

Cuando Misako Enoki de Japón se dió por vencida (ella fue la farmacéutica que fundó la Asociación Chupiren, a menudo llamada "las panteras rosadas" por sus cascos rosados, la "Sociedad para pelear por mujeres que sonríen y lo soportan" de Japón), ella lamentó el hecho que tradicionalmente la mujer japonesa se haya considerado tener tan baja autoestima. Ella estaba peleando en contra de una situación que empuja a la mujer, así como la estrella de televisión Miki Ayuro explicó en Tokyo, a lidiar con los hombres en subterfugio, inflando al esposo para que se sienta como un Samurai, mientras que lo va colgando de sus cuerdas de marionetas.

En África, la justicia de Ghana de la corte de apelaciones de Accra, Annie R. Jiagge, elaboró, "Las mujeres mismas han aceptado su estado inferior que ha sido impuesto sobre ellas como un hecho ineludible de la vida." Prakai Notawasee, el director de un seminario teológico en Tailandia, lamentó el pensamiento tradicional del viejo proverbio tailandésa, "Los hombres son las patas delanteras del elefante y las mujeres las patas traseras." "Esta actitud, aceptada internamente, descarta que la mujer tenga necesidad de conciencia."[6] Aún antes en la Unión Soviética, históricamente, la única miembro mujer entre los quince miembros del partido comunista fue la novia de Nikita Kruschev, Yekaterina Furtseva del 1957 al 1961. Al mismo tiempo, no había ninguna mujer dentro de los noventa y nueve ministros y miembros del comité gubernamental ya que muy pocos esposos soviéticos se rebajaron a ayudar con las compras,

---

6. "Sexism Outcry: Women Rally for Rights at World Church Forum," *The Star-Ledger*, November 29, 1975, 5.

la crianza de los niños o las tareas del hogar. Solamente el 25 por ciento de los miembros del partido comunista eran mujeres, y, mujeres en posiciones de poder. Las mujeres entrenadas servían por salarios bajos, mayormente como doctoras y maestras de secundaria, sin alcanzar ninguna posición clave. Cuando en julio del 1984 Svetlana Savitskaya se convirtió en la primera mujer cosmonauta en caminar en el espacio, uno de los superiores, todavía maravillado, dijo, "las mujeres verdaderamente pueden hacer de todo."[7]

Los hombres se asombran continuamente cuando las mujeres llegan a ser seres humanos de éxito. Lamentablemente, la iglesia de los Estados Unidos actúa como el resto de la sociedad secular del mundo. Cuando una Iglesia metodista en Connecticut contrató a una ministro mujer, el líder laico comentó, "ella probó que podía hacer el trabajo tan bien como cualquier hombre."[8] Las mujeres parecen ser consideradas ineptas por los hombres hasta que prueben lo contrario. La profesora asociada de psicología pastoral en la escuela de divinidad de Colgate Rochester, la Dra. Maxine Walaskay, reflexionó sobre la ambivalencia con la cual su propia predicación fue aceptada durante su entrenamiento en el seminario:

> Mi presentimiento es que, aún cuando escuchan algo que les gusta, sigue existiendo ambigüedad por lo que ven. Así como uno de mis profesores del seminario dijo en broma: "Fue un sermón bien hecho aunque mis propias inclinaciones teológicas en este asunto son un poco diferente a las tuyas… Cuando viene el momento de la verdad, es sólo que ¡no quiero escuchar que una mujer me diga lo que tengo que hacer!"[9]

Así que, volviendo al punto de partida, cuando en el 1971 Aída trabajó para ser lo más objetiva posible acerca de su estudio, orando para poder someterse a los descubrimientos como una sierva fiel (no importando cuan amargo fueran sus resultados) y luego se encontró en el medio de mujeres líderes de la Biblia que de alguna manera estaban exentas al dominio de Pablo, quedó desconcertada de no haber escuchado sobre ellas anteriormente.

---

7. "Soviet Is 1st Woman to Walk in Space!" *The Boston Herald*, July 26, 1984, 12.

8. Pam Proctor, "Do Women Make Good Ministers?" *Parade*, December 22, 1974, 10.

9. Maxine Walaskay, "Gender and Preaching," *Sharing Information by Women Clergy/Seminarians* 2 (October, 1982): 4.

El resultado de nuestro descubrimiento fue doble. En el lado de nuestra carrera, cuando Aída comenzó un ministerio en la cárcel después del seminario, el cual eventualmente se acopló con un ministerio universitario, el presbítero la llamó un día para ofrecerle la ordenación, un reconocimiento que ella no estaba buscando. Su estudio le ayudó a sentirse cómoda en unirse a los rangos de aquellas mujeres líderes de la iglesia primitiva. Después de todo, ahora ella estaba entrenada, y ¿qué es un llamado? Ella descubrió que la doctrina de Escrituras de la ordenación es la afirmación humana de la dotación divina. Así que, cuando el presbiterio llamó, eso es literalmente una llamada en el sentido más completo. Fue de esta manera que inesperadamente, ella fue ordenada.

La segunda parte de los resultados tenía que ver con nuestra vida junta, y como nosotros contestábamos esas preguntas que hacían los seminaristas. Ahora que yo también estaba ordenado (como resultado de la misma llamada) y estaba casado con una pastora, con mi pastora, ¿Cómo íbamos a vivir nuestra unión como cónyuges en el evangelio?

MATRIMONIO COMPARTIDO

En 1978 después de seis años de matrimonio, la pequeña, pero bella revista *Free Indeed* inmortalizó nuestras rápidas respuestas a esas últimas preguntas. Me encontré haciéndome estas preguntas en respuesta a una forma abreviada del capítulo 1, "Iguales en Edén" después de ser confrontado por todos los datos acumulados por Aída. ¿Qué tipo de estilo de vida me está dictando las Escrituras? ¿Cómo lo puedo alcanzar como persona? ¿Qué debo someter de mi personalidad o de la progresión de mi historia para alcanzarlo? ¿Cómo me veré después de eso?, y ¿cómo comienzo?

Primero pensé que deberíamos evaluar exactamente dónde estábamos en la perspectiva histórica. Me imaginé que los mandamientos de Dios para con Adán y Eva todavía existían; son más difíciles, pero todavía siguen en pie. Nosotros tenemos que cultivar y proteger el jardín juntos. Quizás ahora lo tengamos que hacer con el sudor de nuestra frente, pero todavía lo tenemos que hacer. Así que nos preguntamos, ahora que los griegos, judíos, bárbaros, esclavos y libres han muerto y Cristo se ha levantado y vive en nosotros ¿Cómo podemos alcanzar igualar a Edén de nuevo, a pesar de nuestro mundo caído? ¿De qué manera podemos reabordar al estilo de vida del Edén hoy en día? Y ya que tengo que contestar esto personalmente, ¿qué tipo de estilo de vida hemos desarrollado mi esposa y yo para cumplir con estas Escrituras en nuestras vidas?[10]

Aída y yo hemos comenzado prácticamente por interpretar lo que significa "ayuda idónea." Hemos reconocido la palabra *ayuda* como "compartir las mismas tareas" y *idónea* "hacerlo como iguales." Nos hemos preguntado: ¿Cuáles son nuestras tareas? ¿Y cuales son partes iguales? Se dará cuenta, como lo hicimos nosotros, que la primera pregunta implica una evaluación de lo que verdaderamente vale la pena y lo que no. La segunda pregunta demanda una examinación honesta del compartir todo a 50/50 mientras podemos apreciar y utilizar los talentos individuales dados por Dios a cada uno de nosotros. Para nosotros fue libertador el descubrir que, a pesar de las prácticas tradicionales de la iglesia y a la luz del alejamiento que causa, no tenemos que unirnos a la marcha que parece obliga a muchos ministros a la miseria matrimonial.

A través de los años de nuestro ministerio hemos tratado de llevarlo a cabo juntos, planificando citas de almuerzo con personas a las cuales les servimos de mentores y luego ofreciendo consejería por separado. Asistiendo a muchas de las reuniones de la otra persona, estando a cargo de la mesa de libros cuando la otra persona habla, organizando nuevos ministerios juntos, siendo miembros de los grupos que la otra persona dirige, hiendo a sus charlas, etc.

Las sugerencias anteriores hacen frente a otro peligro, particularmente para asistentes y ministros asociados, la enfermedad de la retirada mortal-esa podredumbre húmeda que corroe tantos matrimonios ministeriales. Si lo permitimos, compromisos, conferencias y conversaciones nos alejarían a uno o dos cada fin de semana. Una pareja que conocemos del seminario eran tan atentas a las llamadas que terminaron pasando un año en diferentes países. Al final del año decidieron que no valía la pena estar casados. Así que ya no lo están. Si los apóstoles viajaban con sus esposas, ¿Por qué nosotros no? Clemente nos dice que Pedro se separó de su esposa cuando ella estaba camino a la tumba. ¿Cuántos de nuestros ministros y sus esposas están separados durante todas sus vidas? Por lo tanto tenemos solo retiros juntos e intentamos controlar su cantidad para trabajar en nuestra relacion-manteniendo nuestro propio hogar en orden antes de presumir afectar el de Dios.

10. Lo que he explicado hasta este punto en el capítulo seria similar por soltero/a y casado/a. Cada uno de nosotros, sin embargo, en lo que sigue, tiene que responder según la experiencia nuestra.

Ahora que hemos estado en un ministerio educacional durante la última cuarenta años, nos hemos percatado que este tipo de viruela se cumple en las reuniones académicas. El sello de un estudioso es una pertenencia a la asociación académica. Es muy bueno, pero cuatro días aquí y cinco días allá para reuniones, charlas de compromiso, serie de enseñanzas y talleres puede restarle el tiempo disponible para pasar en familia tan igual como deberes pastorales. La Asociación Americana de Religión (A.A.R.), la Sociedad de Literatura Bíblica (S.B.L.) y el otro invitado que organiza la gran semana de gala de gran erudición cada año, incluye un servicio de cuidado de niños en sus grandes reuniones. Una niñera, sin embargo, en si mismo, no es la respuesta.

La erudición es el centro de nuestra "religión del libro," y hemos encontrado que buenos programas para niños en las organizaciones son bien recibidos por parte de los niños. Además, cuando organizamos en 1981 el regional del sureste de la Sociedad Evangélica Teológica (E.T.S.) en la bella y encantadora Universidad de Toccoa Falls en Georgia, nos percatamos que las esposas/os no estaban atendiendo el "programa para esposas" que habíamos planeado pero si asistían a la parte académica. Cónyuges de eruditos están entre los más teológicamente astutos e iluminados (y olvidados) componentes de la iglesia, habiendo no sólo agonizado con sus cónyuges en los estudios, sino también a menudo habiendo asistido a cursos como oyente, redactado papeles, corregido aspectos gramáticos y atendido programas en escuelas abiertas al público. Para 1985 en un evento regional del E.T.S., habíamos abandonado el programa para esposas/os y estábamos dando temas académicos con secciones prácticas del ministerio en paralelo para todos los eruditos, cónyuges, pastores, evangelistas y otros cristianos pensantes que balanceaban la reflexión con la acción. Agregamos a la vez, actividades para los niños. Como resultado, las familias se animan a venir juntos. Nuestro hogar como el de Dios se mantiene en orden como ordena la Palabra de Dios.

Atendiendo los pequeños deberes fatales juntos

El abogado cristiano Bruce I. McDaniel, quien ganó una estrella de bronce por su servicio como médico, nos contó que los soldados de combate en Vietnam tenían este slogan: "Son las cosas pequeñas las que nos están matando." Todos sabemos que a veces parece más fácil ser cristiano durante las batallas y decisiones grandes, que en la rutina del día a día, de lunes a sábado. Sin embargo, si nos concentramos en ello, interesantemente, las cosas grandes parecen caer en su lugar. Así que aquí hay tres ejemplos: primero de las labores a ser realizadas a diario; segundo, una división de una tarea según la habilidad; y tercero, asignando una tarea que nadie desea.[11]

Tarea No. 1.

Tenemos que comer por lo menos tres veces al día. Un horario conveniente para mí es preparar el desayuno y almuerzo. Aída prefiere preparar la cena e ir de compras. Naturalmente, nos apoyamos cuando es necesario, intentando disminuir la carga del otro. Ambos nos hemos dado cuenta que un matrimonio puede ser una batalla por supremacía, una rivalidad entre oponentes fuertes o una cooperación simbiótica, donde lo que uno hace es hecho por el bien de ambos. Un logro de mi esposa es considerado un logro de todos; un honor para nuestro hijo es un honor para toda la familia; una oportunidad para papá es una oportunidad cooperativa para todos. Cuando uno de nosotros trae invitados, los demás servimos. Eso es solo sentido común (por no hablar de cortesía), una aplicación concreta del "una carne" del matrimonio,[12] y un reflejo del cuerpo de Cristo. Así es como el cuerpo de uno trabaja, buscando la protección, nutrición, y fortaleciéndose—a menos que esté enfermo.

Tarea No. 2.

Todo esto está bien para las tareas habituales, ¿Pero qué hay de aquellas que ninguno de los dos quiere hacer? ¿Qué pasa con algo familiar como las llamadas pegajosas por teléfono o los desagradables contactos personales? La miseria para cada uno de nosotros es tan variada como la bacteria de la gripe común. Puede ser el reprender a alguien por decimoséptima vez para que limpie la mesa después de comer cuando vivíamos en comunidad o contactando a nuestra dueña de casa desagradable por los aullidos de sus perros o devolviendo mercancía defectuosa a una tienda sin el comprobante. Algunos hombres prefieren manejar cinco millas en la dirección errónea antes de pedir direcciones de un extraño. Nos hemos dado cuenta que para mí es más fácil lidiar con situaciones

---

11. Ver también Aída Besancon Spencer, y otros, *Marriage at the Crossroads: Couples in Conversation About Discipleship, Gender Roles, Decision Making and Intimacy* (Downers Grove: InterVarsity, 2009), cap. 3.

12. Ver Spencer, *Marriage at the Crossroads*, 25-30, 162-67, 174-76.

complicadas entre personas que conocemos. Para Aída es más fácil tratar temas difíciles de comunicación con personas que no conocemos.

Tarea No. 3.

¿Pero qué sucede cuando no podemos decidir? ¿Qué ocurre cuando no existe una verdadera división por conveniencia o talento o menor grado de aversión? ¿Qué ocurre cuando ninguno de nosotros quiere hacerlo por igual? Cuando el Reverendo alborotador desea echarnos culpa pero decide al llamar que uno de nosotros basta, ¿Quién va a recibir la culpa? Aquí encontrarás una pregunta existencial que puede dividir cualquier familia o modelo, bien seas igualitario, jerárquico o indeciso. "Como la cabeza de este hogar yo te ordeno a..." o "como la cabeza de este hogar tienes que..." Lo que hacemos es aplicar Proverbios 18:18, "el lote pone fin a los pleitos, y decide entre los poderosos." Tomando un consejo de los discípulos en Hechos 1:26, beneficiándonos de nuestra historia colectiva, "se elige," impar o par, y la decisión es definitiva. Hemos visto que Dios elige de manera más sabia, como es el caso de Jonás.

Ahora, estos son tres problemas prácticos que se dan en el hogar a diario. Pequeñas y rutinarias como pueden aparentar, son las cosas que verdaderamente nos preocupan.

¿Qué de las áreas grandes?

Como los siervos con talentos aprendieron, cuando uno es fiel en lo poco, las cosas grandes le siguen. Por ejemplo, ¿que trabajo o llamada tomas en el caso de una pareja de ministros ordenados? ¿El de él o ella? ¿Qué pareja en cualquier modelo de matrimonio, ordenado o no, niega haber experimentado resentimiento debido a esto? En nuestro caso, nosotros comenzamos tomando turnos. Yo me gradué primero del seminario y desarrollé una posición en la capellanía. Aída me acompañó y, con esfuerzo, halló trabajo en una prisión de seguridad máxima y eventualmente pasó a un puesto en la capellanía de un centro vecino de enseñanza. Ambos estábamos llamados a Newark a trabajar en un ministerio educacional con adultos. Siguiendo esa asignación le tocaba escoger a ella, ella se sintió llamada a culminar sus estudios en el Seminario Teológico Bautista en Louisville, Kentucky, así que yo la acompañé, encontré un ministerio que se estaba formando y supervisé un centro de literatura para adultos. La posición en Gordon-Conwell completó su transición. Si fuéramos a mudarnos de nuevo, sería mi turno elegir. Tales eran mis pensamientos en 1978.

Ahora, sin embargo, estoy creciendo a tal punto que me gustaría que todas las decisiones futuras se den en forma conjunta. Claro está, ese beneficio tiene que extenderse más allá de nosotros dos, a nuestro nuevo miembro.

Paternidad compartida

La situación más triste para un ministro es el estar parado delante de Dios con un grupo de personas en la mano pero que falten sus propios hijos. La crianza de los hijos como Dios manda debe estar enfocada en lograr que crezcan a amar a Dios, y hay muchos recursos almacenados en los supuestos "días tradicionales malos" si uno abre los ojos para verlo. Como la mujer de proverbial, que dice, "no soy feminista, pero…" conocemos a varias parejas que no soportarían ser llamados "padres iguales" pero quienes, por fuerza o necesidad, han practicado alguna forma de esto.

Por ejemplo, si él estaba estudiando y ella estaba en el trabajo, él podría verse obligado a alimentar y cambiar los pañales de los niños. Nuestra diferencia es que ambos nos sentimos llamados por Dios a participar por igual en la crianza de esta preciosa vida que nos había sido encargada. Así que, en lugar de quejarnos por nuestro destino, nos dispusimos a disfrutar de esta pequeña vida y construir en nuestra familia una trinidad de amor que de algún modo, siendo aún débil, pudiera reflejar el gran amor de Dios.

Cuando comenzamos a buscar un nuevo paradigma para la custodia compartida en las Escrituras, experimentamos una serie de sorpresas. Lo que encontramos eran grandes consejos contrapuestos por ejemplos principalmente negativos.

Proverbios 1:8-9 nos conseja, "Oye, hijo mío, la instrucción de tu padre, y no desprecies la dirección de tu madre; porque adorno de gracia serán a tu cabeza, y collares a tu cuello." Como seguro recordarán, el tema de Proverbios está dicho en el capítulo 1:7, el versículo anterior nos dice, "El principio de la sabiduría es el temor de Jehová; los insensatos desprecian la sabiduría y la enseñanza." Por lo tanto, nos llama la atención el hecho que la sabiduría sea transmitida a través de ambos padres, ¡una tarea pesada y santa!

Si estamos de acuerdo en que Salomón fue él que acumuló estos proverbios, es necesario pensar en el ejemplo que fueron sus padres. Su madre, Betsabé era una adultera; su padre, David, un adultero y un asesino. Al igual que Isaac, David no dedicó mucho esfuerzo a la crianza de sus hijos. Ambos hombres vieron sus canas llegar en una época de tristeza y hasta la tumba como resultado final. Isaac fue engañado y robado de su bendición; David fue perseguido por el campo en una guerra abierta durante una rebelión filial cuando debió estar descansando en su palacio con sus hijos reunidos y gozosos a su alrededor.

Dios alaba a los Recabitas en Jeremías 35 solamente porque siguieron los consejos de su padre al no hacer ni beber vino o establecer una residencia permanente. Como resultado de su obediencia, los pone por ejemplo ante Israel y derrama bendición sobre ellos. Dios aparentemente aprueba a las familias muy unidas. Sólo una situación especial como el caso de Ana, quizás, donde un niño fue confiado al cuidado de Dios por un acuerdo de antemano, permite cualquier tipo de descanso en cuanto a las responsabilidades paternales.

El consejo de Pablo en las cartas pastorales a los obispos y a las viudas jóvenes es que deben poder gobernar bien su casa, "Que tenga a sus hijos en sujeción con toda honestidad (pues el que no sabe gobernar su propia casa, ¿cómo cuidará de la iglesia de Dios?)" (1 Ti 3:4-5). Aquellos hombres, entonces, que dejan el cuidado de sus hijos y el manejo de la familia a las damas se mueven bajo la maldición-no el aprecio-de Dios. Tristemente, ellos lo leen como un *"Quién es quién"* en la Biblia.

¿Pero cuáles son los principios que ellos y nosotros debemos estar siguiendo?

1. La Ley de Oro, recordada en Mateo 7:12 (la cual, es intencionada para los creyentes en conjunto, como grupo, y no de manera singular como muchas veces lo tomamos), es la base de Cristo para todas las interacciones entre humanos. Este verso aconseja, "Así que, todas las cosas que queráis que los hombres hagan con vosotros, así también haced vosotros con ellos; porque esto es la ley y los profetas."

2. Génesis 1:27 nos informa que tanto el hombre como la mujer son necesarios para expresar la imagen completa de Dios. Por lo tanto, Proverbios 1:8-9 señala que tanto el aporte de la madre como del padre es igual de necesario en la crianza de los hijos.

3. Salmo 127:3 nos asegura que los niños son un regalo de Dios. "He

aquí, herencia de Jehová son los hijos; cosa de estima el fruto del vientre." Salmos 128:3-4 nos dice que la bendición de Dios es indicada por muchos niños alrededor de una mesa. Ambos son salmos de Salomón, que sin duda disfrutó de la bendición de Dios antes de empezar a exagerar, yendo detrás de mujeres extranjeras y eventualmente coleccionando 700 esposas oficiales y 300 en la lista de espera. Su principio estaba en lo cierto, solo se equivocó en la metodología.

4. La comprensión bíblica de masculinidad y la feminidad no siempre va de acuerdo con lo que dice nuestra cultura. Jesús cocinaba (Jn 21:9-14) y lloraba (Lc 19:41, Jn 11:35). Los permisos y limitaciones de nuestra sociedad sobre lo que los hombres y mujeres pueden hacer no son los de Dios. Las tareas deben ser compartidas.

Cualquier matrimonio realmente compartido necesita aplicar estos principios bíblicos. El modo como intentamos demostrarlos y abrirnos para que la palabra de Dios viva dentro de nosotros es asegurándonos que tenemos control de nuestras vidas y no que somos esclavos de la sociedad, sus expectativas, nuestras carreras ni las opiniones de los demás.

Ambos nos sentimos llamados a una profesión y a la vez queríamos participar a pleno de nuestra familia. Por lo tanto, ajustamos nuestros horarios para poder compartir de manera equitativa, y exigimos que nuestras carreras se adaptaran para cumplir estos objetivos. En nuestro caso, uno ha continuado estudios de su carrera en la mañana principalmente; el otro por la tarde.

Antes que Aída recibió la llamada del Seminario Teológico de Gordon-Conwell (G.C.T.S.), ella recibió la bendición por parte de la escuela de hacer de su vida familiar una prioridad. Como resultado, intentó llevar a cabo la mayoría de sus deberes de enseñanza en el horario de 8:00 A.m. y 3:-00 P.m. Después de las 3 ella corrigió los papeles y preparaba las lecciones hasta las 5:00, ella estaba disponible para Esteban cuando él la necesitaba. Yo me encargué de la preparación del desayuno y del almuerzo. Me encargué de lavar la ropa, recoger la casa, hacía la lista de compras semanales y jugaba con nuestro hijo durante las mañanas cuando era menor y cuando creció me encargaba que estuviera listo para el colegio. Aída compraba y hacía sus labores un día a la semana por la mañana. Ella se detenía solo un día a la semana, lo que le permitía ahorrar bastante tiempo. En las tardes cuando Aída regresaba a casa, yo tomaba una siesta y Esteban jugaba. Dentro de la casa él escribía historias o documentos al igual que sus padres, hacía dibujos o construía un castillo de almohadas. Fuera de la casa él tenía un castillo en un árbol que estaba bajo construcción o jugaba o montaba bicicleta con sus amigos. Aída cocinaba la cena. Ella también se encargaba de preparar la cena durante las fiestas, vale decir que es una gran cocinera. A pesar de uno de los mitos más preciados de la sociedad, las personas exitosas, me he percatado, a menudo funcionan bien en varias áreas por igual, del mismo modo que los perezosos tienden a relajarse o crear caos en todo lo que tocan. Es más, en Louisville ella ganó un concurso de recetas originales por una deliciosa receta de pollo. De ahí me iba al trabajo a las 5:00, usaba gran parte de mi tiempo ahí estableciendo y ejecutando programas de alfabetismo en adultos y estudiantes de secundaria en áreas urbanas. En la tarde Aída jugaba con Esteban, lo ayudaba a bañarse y lo metía a la cama. Todos limpiamos la casa los jueves en la tarde. Como un equipo práctico y eficiente, podíamos limpiar la casa en una noche y dejarla brillando; así que como equipo dedicábamos solo una noche a limpiar y una mañana para comprar. El sábado era nuestro día libre.

No se puede concebir la constante batalla que la familia continua luchando para garantizar este último punto. Los sábados, como es el día en que la mayoría se encuentra libre, están siendo constantemente programados para las reuniones cruciales. Algunas reuniones de ministros se juntan los sábados. Las conferencias de un día entero son programadas los sábados. Las reuniones durante el desayuno son seguidas por cenas. Tratamos mantener la línea que limita la violación de nuestro tiempo familiar a solamente un día al mes. Lo mismo ocurre con nuestras noches, aunque necesariamente no son inviolables, intentamos mantener al margen el ambicioso programa del consumidor.

Mi esposa tiene una reputación en cuanto a su enseñanza de ser inusualmente abierta con sus alumnos. Ella constantemente los está hospedando en su casa, atendiendo sus eventos, programando almuerzos en el campo de estudio, atendiendo de manera colectiva o individual. Un grupo, sin embargo, llegó a estar tan sumergido en la atmosfera "in loco parentis" artificial de uno de las instituciones donde servimos, que demandaban de mi esposa el programar un segundo sábado al mes y el asistir a una reunión "a conveniencia del estudiante" para demostrar su compromiso con el grupo. Ella rehusó. Ninguna madre que realmente ama a su hijo de seis años va a cambiar el único día en que su hijo no va al colegio secular o a la escuela dominical para juntarse con estudiantes adultos. Como resultado los estudiantes se quejaron de que no se estaban satisfaciendo sus necesidades. La oposición puede venir por los motivos más asombrosos de las fuentes menos esperada. En este caso, ¡fue por estudiantes que supuestamente están entrenando para ser ministros a otros!

A menudo la gente quiere un ministro a su constante disposición. La tendencia lógica cuando alguien invade nuestro programa es ceder o aguantar buscando mantener la paz. Sin embargo, el precio es muy elevado si a cambio está nuestra familia o nuestra cordura o incluso nuestra salud. El colocar a nuestra familia o cordura o salud como prioridad nos va a costar en otras áreas por la expresión del descontento crónico. Varios pastores han cedido a las personas cuyos valores sesgados y vacíos familiares les ha permitido convertirse en predadores egoístas; a menudo hay un alto costo que viene con nuestra popularidad, sobre todo cuando las personas se dejan llevar y exigen nuestro servicio total como sus ministros. Lo que pagamos en mantener nuestra disciplina segamos abundantemente en dividendos familiares. A la vez les facilitamos a estas personas recuperar un estado más saludable y preciso de entendimiento acerca de sus derechos y lugar en nuestras vidas, como el servicio hacia los mismos.

El mismo aviso debe ser enviado al mundo del trabajo, como nuestra sociedad misma lo ha definido. Solamente una parte del problema de poner a nuestras familias primero reside en las otras personas y las expectativas para con nosotros y los planes de utilizarnos. Otra parte importante, claro está, radica en nuestra propia ambivalencia hacia nuestra familia, nuestro deseo de salir adelante y la culpa que sentimos para cumplir con las expectativas de los demás. Un tercer punto importante está en la forma en como el trabajo ha llegado a ser estructurado, ahora que la ajustada estructura del negocio en casa se ha desintegrado en lugares de trabajo por separado. Ciertamente, Dios encarga a Adán, hombres y mujeres a cultivar el jardín. Pero, ¿cómo nuestra propia definición del mundo del trabajo se volvió una premisa dada? Los grandes bloques de tiempo están dedicados a los lugares de trabajo donde hay poco habla, donde se presiona y existe la expectativa que un trabajador que está verdaderamente dedicado estará dispuesto a entregar horas de manera gratuita, si ese trabajador esta *realmente* dedicado y de algún valor real. (El compartir el trabajo es implícitamente si no explícitamente mal visto en muchas empresas de alta potencia.) Este tipo de compromiso impide el balance que hace que la vida familiar sea una experiencia compartida. El tiempo libre es consumido por el trabajo y pasatiempos exclusivos a veces reciben migajas de atención; ¡pasatiempos necesarios para recuperase de la tensión del exceso de trabajo! En cambio, los lugares de trabajo necesitan evaluar a los trabajadores en base a 40 horas de trabajo semanales como indica su contrato (en vez de 60 u 80 horas de trabajo) y la calidad de dicho trabajo, en otras palabras, los objetivos cumplidos en vez de la distribución de horas que un trabajador puede programar. Si el trabajo está cubierto y cumplido con calidad, ese debe ser el cambio justo que un centro de trabajo debe esperar; no un conteo visible de personal de 9:00-9:00. Creemos en el trabajo duro dentro de los límites contratados pero no en trabajando por exceso o déficit.

Incluso, hemos observado que al mantener agendas estrechas, nos da la posibilidad de obtener una enorme cantidad de trabajo cumplido, más que aquellos cuyo horario suelto los engaña al pensar que tienen bastante tiempo libre y no existe la necesidad de no procrastinar. Nuestras agendas no permiten el lujo innecesario de procrastinar. Como resultado, nos encontramos trabajando duro para producir mucho más en un tiempo limitado en comparación con los que "toman su tiempo" y trabajan a la ligera en un tiempo ilimitado. Un trabajo, entonces debería respetar la calidad, si realmente existe, que un trabajador disciplinado produce. Si no lo hace, cambiar las labores realizadas o cambiar de trabajo es sin duda la respuesta. Esto, por supuesto, implica que nuestras prioridades familiares son realmente nuestras prioridades, que no pisamos las espaldas de nuestras familias para lograr el éxito, oprimiendo las personas que nos aman para impresionar a las personas que, francamente, no les importa si vivimos o morimos. A la vez se nos exige algo que a menudo el mundo no comprometido con el trabajo no valora en un trabajador: coraje individual para actuar con amor pero con firmeza a favor de nuestras convicciones y no simplemente siguiendo la marcha de la compañía.

Por lo tanto, en la consolidación del baluarte de nuestra familia contra el mundo, estas adaptaciones funcionan a favor nuestro. El dividir nuestro tiempo funciona bien si se determina hacerlo *antes* de comenzar un trabajo. Esto hace un llamamiento a usted como participante a hacer frente a las tareas desagradables si es que caen dentro de su periodo de tiempo, sin excepción, a mantenerse fuera del camino de su pareja si es su momento para estar a cargo y mantener abiertas las vías de comunicación. Las citas regulares para los padres son esenciales si la relación entre esposo-esposa ha de mantener ritmo con la relación entre hijo-padre.

Crianza tradicional vs. paternidad compartida

Cuando se nos pidió dar el seminario para padres en la conferencia E.W.C en Seattle, escribimos en la propaganda, "¿Paternidad compartida es posible? ¿O solo va a confundir a su hijo?" Cuando las parejas que, de manera continua, practican un tipo de paternidad compartida están expresando un temor en alterar el modelo tradicional, probado y verdadero, pues causará una confusión de roles. Su pequeño no sabrá si es un niño o una niña. Estará sexualmente confundido, fuera de las fases normales de la sociedad, incapaz de relacionarse normalmente con otros niños. El niño desarrollará odio hacia sus padres por ponerlos en esa situación. Se exhibirá un comportamiento antisocial. Sus valores serán sesgados. Se convertirá en una rebelión espiritual, llegará a ser un criminal. Eventualmente, debido a su confusión por quién es y quién es Dios, rechazará a sus padres y las creencias de sus padres en Dios y quizás terminará cometiendo parricidio, matricidio, el suicidio o quizás los tres. Todo esto se produce debido a que sus padres insensatos se atrevieron a alejarse del modelo tradicional.

¿Y cuál es este modelo tradicional maravilloso? Consiste en el papa yendo a trabajar, estando ausente todo el día. La madre estando encerrada en la casa con los hijos todos los días de su vida hasta que se encuentra desanimada frente a un nido vacío, su razón terrenal para la vida de repente ha desaparecido.

Tuvimos la oportunidad de examinar el modelo tradicional invertirse en un laboratorio único cuando vivíamos con unas 240 familias en el seminario de la aldea del sur en Louisville, Kentucky. Ahí los padres estudiaban; las madres trabajaban. Cuando un niño de cuatro años le pregunto a Aída, "¿Qué estás haciendo?" y ella contestó, "Estudiando," él dijo, "No, no estás haciendo eso."

" Pues, mira como lo hago," ella dijo, mientras le mostraba el libro.

"Tu no puedes estar estudiando," él dijo con seguridad. "Los varones estudian; las hembras trabajan." En un mundo invertido, todo lo que el modelo tradicional proveía para este niño era rigidez. Cuando su papá por fin termina y va a trabajar, este pequeño tendrá todo su mundo patas arriba porque está convencido-los varones hacen unas cosas, las hembras hacen otras cosas y ese es el universo de Dios. Si fuese a existir una confusión de roles, ¡ahí está!

Padres tradicionales están ausentes todo el día, pero esto no es suficiente para que sus hijos les rechacen por completo. Sin embargo, si causa problemas, y el Dr. Benjamin Spock ha identificado dos periodos, a los cinco meses y a los dos años y medio hasta los tres años, es cuando los niños empiezan a odiar a los extraños mientras aprenden a diferenciar entre las personas. Padre, el extraño en la casa, pronto se encuentra como *persona no grata* y su hijo rechaza lo que no le es familiar. Spock aconseja:

> Es más a menudo que el padre es visto como no popular durante este periodo y a veces recibe la sensación de que es veneno puro. No debe tomarlo tan en serio. Le va ayudar al niño el jugar a solas con su padre, a veces, así lo conocerá como una persona agradable y cariñosa, no solo un intruso.

No te preocupes, escribe el Dr. Spock, es solo natural. El padre será recordado durante mucho tiempo.[13]

Invirtiendo muchas horas todos los días con mi hijo, me ayudó a alegremente saltar estas etapas. A los cinco meses Esteban se acurrucaba en los brazos de papá cuando se acercaba un extraño, a los dos años y medio hasta tres años se negaba a tomar leche porque papi no podía y el quería ser como papi. No había extraños en nuestra casa. Solamente los verdaderos extraños de afuera sufrían.

Durante los años en que ejercí el ministerio en la ciudad me dí cuenta que cada suicidio o evento socialmente aberrante que llegué a ver estaba directamente relacionado con una casa marcada por la alienación, la negligencia o la crueldad. Ninguno se produjo como resultado de la paternidad compartida.

Una madre fuerte igualmente amorosa emparejada con un padre fuerte amoroso y *presente* son un salvaguardia contra tal alienación. ¿Y qué hay de la revuelta espiritual? Los estudios demuestran que los niños más propensos a asistir a la iglesia en la edad adulta son aquellos cuyos ambos padres asistieron. Si ponemos en práctica lo que está en Proverbios y el padre como la madre comparten de manera equilibrada la crianza de los niños, el mundo se vería menos maldito, con la plaga del divorcio y suicidio que el pecado lo hace y se vería más como el Edén que Dios creó al inicio y siempre tuvo en mente para nosotros. Crianza compartida me parece ser un paso en la dirección a la intención

---

13. Dr. Benjamin Spock, *Baby and Child Care* (2d ed.; New York: Pocket Books, 1968), pp. 357–58.

de Dios. Dando ese paso y cosechando del cálido amor de nuestros hijos vale más que cualquier logro profesional, cualquier elogio o muestra de envidia por alguna persona u otro incentivo que el mundo pueda ofrecer. Tal vez dos cosas, al menos desde el punto de vista masculino, que impiden que este modelo sea a menudo contraproducente es el miedo masculino y las expectativas en cuanto a su función, auto-limitaciones que permanecieron desde la infancia.

Recuerdo cuando era un niño pequeño que preguntaba, ¿Y si mi mami muere? ¿Qué seria de mí? No podía ver a mi padre haciendo mucho. Ahora, sin embargo, cuando pienso en mi niñez veo que cuando había una verdadera emergencia, mi papa era magnífico. Él era él que cuidaba de los abuelos enfermos en estado terminal y quien me cuidó cuando tenía lesiones grandes o requería de hospitalización. Él sabía cocinar y mi abuelo podía coser. Sin embargo, yo no estaba entrenado para contar con estas capacidades y mi papá era tan fuerte y seguro de sí que su suposición o rechazo del papel de ama/o de casa parecía fuera de lo común. Por lo tanto, nunca me dí cuenta ni busqué intentar conseguir este tipo de cuidado, sin importar las veces que lo haya previsto. En su lugar, como muchos niños, yo creía lo que mis compañeros creían, lo que uno hace, en vez de quien uno es, al final define la identidad de una persona. Si bien existe gran verdad en el último dicho cuando es aplicado a la sociedad cristiana, no significa, por ejemplo, que el gatear en cuatro te vuelve un verdadero caballo para tus hijos. Y eso no quiere decir que participando en la labor de formar un hogar místicamente amenaza con anular nuestra masculinidad. Sin embargo, estos miedos infantiles y limitaciones parecen no dejar a muchos hombres. Por el contrario, transfieren los temores centrados en madres cuidando y nutriendo hacia esposas cuidando y nutriendo, enlazados con los temores sobre la autenticidad de la masculinidad de los hombres. Dado que los hombres no cocinan o cuidan la casa-¿me moriré de hambre si no mantengo a mi esposa en línea? Nuestro hijo como niño rugía como un monstruo y luego se asustaba del monstruo imaginario que había creado. De esta manera, el miedo como creación propia se convierte en una determinante motivación: Si acepto esto de compartir, ¡Voy a perder mi masculinidad! ¡Me convertiré en un-Dios no lo permita-"amo de casa"! Seré el único hombre en el patio, fuera de fase con el resto de los chicos, condenados a ver telenovelas para siempre. ¿Y cómo se va a ver eso en mi resume? Desempleado durante un año, así es como. ¿Y qué hay de mi esposa si le empiezo ha ayudar?

¿Comenzará a eludir su parte? ¿Y entonces yo me tendré que hacer cargo? ¿Después se separará mi familia? ¿Mi esposa quedará atrapada en un remolino en cuanto a su carrera y será llevada a otro lugar si no logro mantenerla encadenada aquí? Después de todo, me es deseable. Quizás los demás que están afuera respondan del mismo modo. Yo no estaré ahí para controlar lo que ocurre; para ver como reacciona. En esencia, el trabajo, otros hombres y una nueva vida podrían llevarla lejos de mí. ¿Y qué le he dado yo aquí en nuestra vida de pareja para hacerla rechazar una proposición tan irresistible de salida?

Todos estos temores se derivan de una falta de confianza, una baja auto-imagen, y algunas buenas razones debido a la fortuna de las mujeres. Si yo no me aseguro que ella se quede aquí, nunca voy a ser capaz de mantenerla. Dios sabe, que nunca se quedaría aquí por su cuenta. Esencialmente, todos estos temores drenan en el centro del hoyo de la inseguridad: Si no mantengo las cosas como están, perderé el control. Mi vida empezará a entrar en caos. Además, perderé mi masculinidad y perderé mi energía en trabajos insignificantes. Tendré que cocinar? Tendré que limpiar. Tendré que cuidar de estos niños incivilizados. ¿Qué ocurre si uno de ellos vomita? En esencia, voy a perder el fruto de la opresión por la cual mis antepasados lucharon la batalla de los sexos para entregarme, como un deber sagrado.

¿Por qué los hombres oprimen a las mujeres constantemente año tras año, generación tras generación y por qué es tan difícil corregir esto? No debemos equivocarnos aquí, esto si es difícil de corregir.

Rigidez en el hogar es el microcosmo personal de la sociedad macrocósmica. Así como la sociedad ha asignado a los hombres adultos el papel de superiores y de las mujeres el de inferiores, así, la función de esposo y esposa se define como opresora y oprimida. Por lo tanto vale recalcar que la sociedad demanda, que exista un socio que es el jefe y otro que es el siervo. Por lo tanto, hay una continua competencia por el poder junto con la sedición reactiva por lo que se convierte la pareja oprimida, ya sea el hombre sin éxito cuya esposa "lleva los pantalones en la relación" o la esposa cuyo marido silencia toda su creatividad y madurez. Donde no hay rebelión abierta, hay una sublime manipulación donde el oprimido vive la vida a través de la mente del opresor, generalmente con el niño en contra de ambos, o peor, tomando el lugar de uno de los padres. Esta es la expresión externa equivalente de aquel temido mal físico donde el cuerpo actúa en contra de sí mismo para su deterioro.

Tensión reprimida al punto de ebullición, particularmente en las mujeres obligadas a permanecer en casa como una especie de hermana mayor a sus hijos, eventualmente alcanza el punto crítico. Ningún adulto maduro, con dones puede soportar una vida entera de represión. Y Dios ayude al hombre cuya esposa cumple sus metas gracias al canalizar sus energías a través de él, porque él no tendrá descanso. Tendrá que vivir la vida, deseos y ambiciones de dos personas cuando Dios lo ha equipado física y emocionalmente para satisfacer los deseos de uno. La alternativa extrema es la de la abuela de la hija misionera Pearl Buck, como se describe en su diatriba biografía acerca de sus ancestros, *The Exile*. Un día su abuela simplemente paró de cocinar, haciendo sus labores en casa y cuidando de la familia y se sentó en una mecedora a partir de entonces. La opción habitual para las masas, sin embargo, es vivir vidas de rebelión silenciosa y persistente descontento durante el resto de su vida.

Esto no quiere decir que las mujeres deben permanecer en casa. No, en lo absoluto. El decir que todas las mujeres se deben expresar afuera es igual de oprimente. Las mujeres que elijan ser amas de casa como una carrera deben ser vistas según el modelo de Proverbios 31:10-31, como dueñas de un empleo real y calificadas en lo que hacen. Esta es una opción ocupacional y debe ser vista bajo esta luz. La encuesta Mundial de Prioridades estima el valor económico del trabajo realizado en casa por la mujer en 4 trillones de dólares y se especula que, si se les pagará por el trabajo doméstico realizado, ellas aportarían cerca de la tercera parte del producto bruto económico anual del mundo. Dorcas eligió el laborar en casa como ocupación principal y fue también aprobada. Débora no lo eligió y fue aprobada. En cuanto a hacerlo como tarea, sin embargo, la Escritura claramente dice que es el deber de ambos cónyuges, ya que *nadie* cuyos hijos están fuera de control está calificado para dirigir una iglesia. Los hombres no son exonerados. Si los hombres no están exentos, entonces la tarea en casa no puede ser responsabilidad exclusiva de la mujer. Debe ser la responsabilidad de ambos.

Un matrimonio y ministerio compartido puede tomar toda la presión para manipular y controlar el éxito de las esposas e hijos de los esposos. El control no es y nunca fue exclusivamente la preocupación del hombre. Ninguna familia normal depende del orden masculino a no ser que la mujer deambule y empiece a reinar el caos. Mujeres normales, especialmente las cristianas, son el alma de la responsabilidad. Los hombres que tratan de ejercer control sobre ellas, como si sus esposas fueran una de sus hijas precipitan en su hogar la imagen sexista de aquel viejo racismo que hemos estado tan listos para aplicar a otras culturas, el dictador corrupto de aquel pobre pueblo proverbial. Apenas podrán mantener una tapa sobre la rebelión reactiva.

Entre adultos maduros, control es la preocupación de ambos. El amor no se puede forzar: tampoco el control. Dios no trata de forzarlo, ¿Por qué deberíamos hacerlo nosotros? La coacción no funciona con los niños; ¿Qué nos hace pensar que va funcionar con nuestros cónyuges? Si las mujeres, entonces, no son adolescentes irresponsables que necesitan control para evitar que se distraigan, si eso es ridículo e insultante, los hombres deberían tenerlas en cuenta por lo que son, socios iguales, ayuda idónea.

Cualquier hombre que opera en cualquier otro modelo producirá tensión para su esposa, tensión en su relación, tensión en su hogar y sin lugar a duda, sus hijos heredarán tensión. Él estará siempre buscando sofocar una rebelión que finalmente se le irá de las manos. Y hasta que esto se de, él soportará una vida de continua manipulación. ¿Quién quiere vivir así? Terminará por fomentar la propia fragmentación, vergüenza, extrañamiento, y el desastre que estaba tratando de evitar.

Es mejor para los hombres servir a sus esposas como Cristo lo hizo por la iglesia y como lo sugiere Efesios 5, permitiendo que se convierta en la joya preciosa en forma y pulido brillante lleno de buenas obras formando la pulsera humana que adorna la mano de Dios. Y mujeres, que parecen haber inculcado en ellos el sentido de responsabilidad que muchos hombres, se volverán con gran aprecio a sus esposos, quienes vivirán una vida que un sultán envidiaría. Que sin lugar a duda, ha sido mi experiencia. Aída no trata de vivir su vida a través de mí. En cambio, en libertad, busca oportunidades para complacer y servirme. Ella sabe lo que me irrita y hace un esfuerzo especial por evitarlo y controlarlo ella misma, como yo hago por ella. En el trabajo ella busca oportunidades para que pueda prosperar en mi carrera al igual que ella en la suya. Me trata con el mismo amor y respeto en público como lo hace en privado.

Este enfoque funciona de maravilla para nosotros y elimina gran parte de la tensión entre mi esposa y yo y mi hijo que leía y oí y pensaba era inevitable. ¿Este enfoque funcionará para usted, así, mejorando sus relaciones y disminuyendo las tensiones? "El matrimonio compartido," como concepto, claro está, no garantiza un buen matrimonio o un ministerio con responsabilidades iguales. La práctica compartida, sin embargo, lo hará. A diferencia de algunos religiosos que corren por ahí hablando de la acción social sin practicarla, teniendo los pensamientos adecuados en un modo judeo-cristiano es necesario para hacerlo. La falta de acción es la falta de una verdadera creencia en el pensamiento hebreo, la fe sin obras es esencialmente muerta, porque no hay una verdadera fe cristiana que no trabaje. No, pues, estamos argumentando por un principio político. Estamos hablando de un estilo de vida intencional. Ambos cónyuges necesitan trabajar duro sirviendo al otro para que funcione un matrimonio. Cualquier matrimonio que funciona, tradicional o de estructura no tradicional, está basado en el servicio mutuo, amor, servicio y en benéfica interdependencia intencional.

Esencialmente un enfoque común de respeto, puede hacer de su relación con su cónyuge en el hogar una mirada que refleja el paraíso. De la misma manera debe desarrollarse en un ministerio compartido que puede hacer que su servicio a los demás se multiplique como los panes y los peces.

MINISTERIO COMPARTIDO

Cuando estaba escribiendo canciones en la universidad, me di cuenta que escribir con otra persona no hacía que la canción sea el doble de buena, lo hace cuatro veces mejor. Por alguna razón, co-esfuerzo realizado correctamente tiende a tener el efecto no de adición, sino de la multiplicación, de elevar al cuadrado los efectos de uno y llevarlo a la enésima potencia. Esta es, obviamente, el ámbito de la actividad de Dios, ya que el Dios tres en uno se complace en trabajar a través de una comunidad positiva.

El ministerio en paralelo debe en última instancia reflejar la naturaleza de Dios actuando. Puesto que Dios eligió revelar a Cristo como siervo, el ministerio debe ser imagen de servidumbre y debe fluir de nuestras familias hacia los demás. El atender mesas es una buena práctica de forma de servicio, como vemos de parte de la diaconía en el libro de los Hechos. El servicio conjunto en el hogar, realizado correctamente, se ve en el ministerio de cooperación hacia los demás.

¿Qué consejos prácticos podemos ofrecer a las parejas que desean ministrar juntos? Estamos convencidos que la relación de una pareja marca el tono para un ministerio. Después de todo, el ministerio es simplemente una serie de relaciones que comienzan en relaciones divinas con la trinidad y extendida por Dios hacia los humanos ha través de Jesús. El diccionario Webster define "ministro" como una persona actuando en nombre de otro, como un agente, llevando a cabo las órdenes o diseños del ser original. Somos agentes no por un negocio o el gobierno, sino que somos agentes para nada menos que el gran Dios del universo. Somos los emisarios del gran reino de los cielos. A través del Nuevo Testamento podemos ver que el entendimiento salía a través de los poros de Jesús trabajando en los negocios de su Padre, en Pablo cumpliendo el llamado de Jesús. Es por ello que la práctica de la servidumbre en el hogar prepara a una pareja para una vida sirviendo a los demás a través de un ministerio.

El insistir en que un miembro de la pareja debe tener prioridad sobre otro no es comprender la naturaleza de un ministerio. En otros términos, es una contradicción. Esta actitud produjo la ridícula situación en Corintos donde Pablo fue reprendido por servirlos en vez de enseñorearse como hicieron los falsos apóstoles. Lo que hizo Pablo fue ministerio. Lo que los falsos apóstoles hicieron fue tiranía. Desafortunadamente, lo que algunas parejas hacen es practicar una forma de tiranía en nombre del ministerio. Y por lo general es la tiranía de los machos a expensas del sexo femenino. Por lo tanto, los medios en que se ejerce el ministerio no justifican el resultado final. El hombre o la mujer se disponen a hacer algo en nombre de Dios en servicio a los demás pero terminan tiranizando a su pareja sin darse cuenta. Así es que se pierde el ministerio. Pero Efesios 5 nos llama a amar a nuestras esposas como Cristo amó a la iglesia.

¿Qué hizo Jesús? Jesús edifico a sus discípulos, les lavaba los pies, los sanaba, pacientemente les enseñaba y los enviaba a ser líderes y a hacer cosas mayores que él, como señala Juan 14:12. Entonces, ¿cómo podemos construir una vida de servidumbre recíproca que establezca un clima en el que florezca un ministerio cooperativo como familia? Curiosamente, estos principios se aplican a todos los esfuerzos realizados por los hombres y mujeres de trabajar juntos, no sólo en el ministerio de la familia como núcleo sino en las actividades de la familia cristiana extendida. ¿Cuáles son nuestras propuestas fundamentales?

Construyendo un ministerio

1. El respeto mutuo es fundamental. Tenemos que realizar una evaluación real y desarrollar una verdadera apreciación de nuestros propios regalos y los de nuestra pareja. Un ejercicio útil es hacer una

lista de las diez cosas que más admiras de tu cónyuge. Una vez, cuando se aconsejaba a una pareja que estaba comprometida, nos dimos cuenta que estaban constantemente discutiendo, así que sugerimos este ejercicio. Aunque el novio aspirante pudo redactar una lista de cualidades, que luego de preparar, le hizo mirar con más adoración a su futura esposa, a nuestro pesar y su mortificación, la novia no podía pensar ni en un elogio para su comprometido. Los minutos comenzaron a correr y la tensión como la vergüenza en la sala comenzaron a incrementarse. Le pedimos a la novia que fuera a su casa y que regresara en unos meses con una lista de diez características. Cuando regresaron luego de seis meses ambos estaban brillando de felicidad y ella tenía una lista de más de diez características. Al final resulto que Dios los llamó a un ministerio difícil pero su familia, que ahora rodea los cuatro integrantes, están viviendo y ministrando de manera feliz.

2. Ayuda a hacer que la lista se forme: busca edificar al otro. Cuando estábamos trabajando en un ministerio dentro de la prisión, nuestro lema era: trata a una persona como usted quiere que esa persona sea y él o ella se convertirá en eso. Tenemos que ayudarnos los unos a los otros a desarrollar nuestros dones, llegar a realizar el potencial que tenemos. Así luego los dos podemos subir juntos.

3. Para hacer estas dos cosas necesitamos un sentido de comunidad. Toda la familia debe convertirse en nuestra propia identidad. Esto es lo que "una sola carne" significa. Ya no somos tu o yo, ahora somos tu y yo, nosotros. Necesitamos construir un estilo de vida que sea bueno para ambos, y, si Dios lo permite, eventualmente para todos nosotros. Es por eso que la programación es tan crucial para convertir estos principios en algo práctico. Un horario de familia que funcione y ante el cual todos estemos realmente comprometidos permitirá separar el tiempo en familia y las energías para lograr la meta de cada miembro y suplir las necesidades de cada miembro.

4. A la inversa, no permitimos crítica o humor destructivo en nuestra casa. Esos "hola, feo" o "aquí esta mi esposo, mi bola y cadena," esos chistes que se alimentan del peso de una persona, de sus defectos físicos o fallas mentales destruyen una relación y matan al espíritu de un hogar. El hogar, después de todo, debe ser un oasis, una fortaleza, no un desierto o un campo de batalla. Por lo tanto,

prohibimos ese tipo de humor. Nuestro hogar esta lleno de bromas y humor. Nos damos cuenta de todos los ministros de la ciudad que han sido capaces de aguantar han desarrollado un buen sentido del humor e ironías. Un humor irónico que ayuda a interpretar la vida y un sentido del humor que edifica sazonan las relaciones. El humor destructivo es el cáncer. A menudo la intolerancia es el virus que causa la enfermedad.

5. La tolerancia es fundamental. Nosotros tratamos de permitir la libertar de los demás para actuar a su manera y fracasar. Dios nos permite fracasar. Nosotros en la iglesia fracasamos a cada rato. El permitir que una persona haga las cosas a su manera cuando está a cargo de un trabajo es un simple acto de cortesía. Ahí estamos haciendo a los demás lo que esperamos que hagan hacia nosotros. Cuando ya no se sienten amenazados con que les quitemos su liderazgo, cuando se sienten reafirmado en nuestro apoyo, entonces podemos ofrecer una crítica suave, el tipo de crítica que a nosotros mismos nos gustaría recibir.

6. Una regla útil a seguir, especialmente para nosotros los líderes de tipo fuerte es, "Debería cambiarme a mi mismo, no a mi pareja." ¿Sabes por qué tantos cristianos entran en problemas con su pareja? Leen la Escritura equivocada. Nosotros los hombres quizás no dediquemos mucho tiempo en las leyes y el pacto que tiene un hombre cuando es dueño de un buey, pero sin duda pasamos una excesiva cantidad de tiempo en conferencias y sermones y libros leyendo e interpretando el correo electrónico que Dios manda para nuestras esposas. Y nuestras esposas leen y escriben y hablan acerca de su correo con Dios a nosotros. Pero si nosotros estuviéramos concentrados en cambiarnos a nosotros mismos a lo que Dios quiere que seamos, podríamos liberar a nuestra cónyuge a cambiar también.

7. Con este tipo de actitud viene una regla simple que incluso los tribunales civiles han entendido, mientras que muchos de nosotros en la fe aún no lo hacemos. Tenemos que darle a nuestro cónyuge el beneficio de la duda al escuchar acusaciones en su contra o cuando las cosas van mal. Tenemos que tratarlos como inocente mientras no se pruebe su culpabilidad.

8. El punto de estos consejos es disfrutar uno al otro como Proverbios

5:18-19 tan bellamente describe:

> Sea bendito tu manantial, y alégrate con la mujer de tu juventud, como cierva amada y graciosa gacela, sus caricias te satisfagan en todo tiempo, y en su amor recréate siempre.

9. ¿Cuál es nuestra última sugerencia fundamental para que una pareja pueda de forma conjunta ministrar sin destruir la individualidad de su cónyuge? Es nuestra base primordial. Si Dios está a la cabeza, cada uno de nosotros está libre para ser simplemente una parte. Al someternos a Dios nos libramos para someternos el uno al otro.

Así, en un ministerio conjunto cada uno puede ejercer sus dones. Si uno tiene un proyecto, el otro puede tener un papel de asistente. Y este tipo de humildad productiva estimula el crecimiento espiritual. Por lo tanto, vivir una vida de servidumbre reciproca, estimula a una vida ministerial a fluir.

Manteniendo un ministerio

Ahora, una vez que la vida de ministerio está fluyendo, ¿Cuáles son algunas de las maneras en que podemos ayudar a su continuidad? ¿Cuáles son algunas de las maneras en que podemos mantener ese conjunto y feliz?

1. En primer lugar tenemos que saber como medir nuestros ministerios. A menudo los libros que he leído sobre el tema en discusión se detienen al final de la última serie de directrices. Pero una vez que los ponemos en práctica obtenemos un conjunto de problemas nuevos para los cuales no estamos preparados y tenemos que esperar que salga otro tomo para que nos diga que hacer. Que hacer ahora comienza con aprender a medir tu ministerio para poder decidir si es adecuado o no.

Ezequiel 3:16-21 nos dice que nuestro trabajo es advertir a la gente, describir sus problemas, proveer un terapeuta, y, si somos capaces y calificados, ayudar a proveerlo, o, y si no lo somos, referirlos a alguien que esté preparado y calificado para ayudarles. No somos, sin embargo, responsables de hacer que la gente responda al tratamiento, o, como va el viejo dicho, llevando el caballo a beber agua y luego tropezándolo para que entre. 1 Corintios 3:5-15 nos informa que Dios da el crecimiento, no nosotros. Somos responsables de cultivar y sembrar y atender pero no del crecimiento. Cada uno de nosotros trabajadores tiene una parte en el proceso. Podemos ser labradores o sembradores o podadores o encargados de sacar las hierbas malas o regadoras o la persona que mezcla los nutrientes o él que lo aplica. Ninguno de nosotros es responsable, o debería ser responsable, por todo el proceso. Lo que a menudo nos confunde es el hecho que todos nosotros necesitamos la aprobación y esperamos que nuestro trabajo o las personas a las que servimos sean el método por el cual lo consigamos. Mas 2 Corintios 10:17-18 nos dice que la aprobación viene de Dios. Nunca vamos a obtener la plena aprobación de las personas a quienes les ministramos. Jesús ciertamente no la consiguió. ¿Acaso somos más que nuestros maestros? Tenemos a Dios como la fuente de nuestra aprobación, al igual que el ser humano que en la tierra es más cercano a nosotros, y a través de quien Dios muchas veces nos ministra, nuestro amado, nuestro socio, la persona con quien estamos en una sola carne. Ocurre que podemos ser más edificados y reprobados por nuestros hijos que por una sesión de cien dólares en un psiquiatra. A veces podemos necesitar del psiquiatra, claro está, pero a menudo ese profesional nos mandará a casa para resolver los asuntos pendientes.

2. Una vez que aprendamos a medir nuestros ministerios, vamos a saber cuando hay que seguir y cuando hemos cumplido con nuestro trabajo. Alguno de nosotros ministros nunca sabemos cuando dejar de trabajar. Nos parece que el Espíritu Santo y el resto del cuerpo de Cristo no pueden sobrevivir a nuestros tiempos de descanso. Al igual que el evangelista que ha dado las buenas noticias de salvación y no sabe cuando dejar que el Espíritu trabaje y permitir que el escuchante responda, tenemos que saber cuando dejar de ministrar, cuando dejar de trabajar. Dios descansó en el séptimo día. Eclesiastés 3, como se canta en todas partes en la radio secular, nos dice que hay un tiempo para todo. ¿Por qué no debemos descansar cuando nuestro Creador lo hizo? Tenemos que recordar, como el viejo dicho que ha sido adaptado a tiempos modernos, la ausencia hace que el corazón deambule. Hay varias superestrellas cristianas que están teniendo problemas en su matrimonio de tal forma que la perspectiva debería asustar a cualquier cristiano sensato. Es alentador que la revista *Faith Alive* de Canadá de la Asamblea evangélica encontró en una encuesta de matrimonios cristianos que,

> Respuestas que conseguían una "A" era la de matrimonios con una vida centrada en Cristo, madurez personal, trabajo en equipo y una disposición para cambiar... Matrimonios donde se comparte

el liderazgo de promedio conseguían una "A-", matrimonios donde lideraba el esposo conseguían una "B+" y matrimonios donde la mujer lideraba conseguían una "C+."[14]

Curiosamente, las esposas que trabajan fuera del hogar clasificaron su satisfacción en dos posiciones por encima de las esposas que se quedaban en casa. Lamentablemente, mientras que los pastores dieron una alta calificación a sus matrimonios, las esposas de los pastores como grupo le dieron la nota más baja de toda la encuesta, calificando a las esposas de los pastores como las mujeres con los matrimonios menos satisfactorios. Aunque a menudo las mujeres ausentes por trabajo y las esposas de pastores ausentes encabezan la lista de parejas considerando el divorcio o separación, *ninguna* de las parejas de misioneros contesto sí o incluso tal vez. Los matrimonios de misioneros se consideran uno de los "matrimonios más felices." Y para los matrimonios cristianos de mayor éxito, "aquellos que afirmaban tener un liderazgo o misión compartida se sentían más felices y realizados en la vida." Necesitamos vivir y trabajar y ministrar y descansar y disfrutar de nosotros mismos, como pareja, lo más posible.

3. Para convertirnos en cristianos, aprendemos a decir que sí. Para ser un buen ministro duradero tenemos que aprender a decir que no. Las personas a menudo nos harán sentirnos culpables cuando no accedemos a todas sus peticiones. Sin embargo, sólo tenemos que hacer por los demás lo que nos gustaría que hagan por nosotros. Solo se debe sentirse culpable cuando se debe sentir culpa. Dios sabe, ¡hay bastantes oportunidades reales para eso!

4. Cuando hemos llegado a ser más expertos y podemos separar la verdadera culpa que nosotros aceptamos y por la cual buscamos perdón de la culpa falsa y otras molestias similares, tenemos que desarrollar maneras de lidiar con esas irritaciones regulares que inevitablemente surgen en el ministerio de todos. En nuestro primer ministerio juntos nos dimos cuenta que estábamos empezando a pelear. Esa situación que habíamos evitado durante nuestros primeros años de matrimonio nos incomodaba bastante. Después de un desacuerdo particularmente amargo, nos sentamos para averiguar que estaba yendo mal. Finalmente, rastreamos la

---

14. En una encuesta, la mayoría de evangélicos de Canadá clasificaron sus matrimonios por grados altos. *Christianity Today*, April 19, 1985, 59.

procedencia del problema a otro ministro con quien trabajábamos quien nos estaba dividiendo y colocando una cantidad de presión increíble en cada uno para llevar a cabo las cosas como él quería. La próxima vez que nos reunimos con él le confrontamos en forma conjunta. Fue bueno para él, era bueno para nosotros. Este era un gran hombre de Dios. Nos agradeció. Las irritaciones tienen que ser rastreadas al origen. Tenemos que lidiar con esa fuente. No tenemos que liberar nuestra tensión el uno al otro. No tenemos que lastimar al perro. No tenemos que desquitarnos con el cartero. Ya sabes como funciona la cadena de mando. El padre, quien es culpado por el jefe (acusado por él), le grita a la mamá. La mamá le grita a junior. Junior patea al perro. El perro muerde al cartero. En su lugar, tenemos que atacar la fuente de nuestra irritación y, por supuesto, de la manera más suave y amorosa que podamos, manejarlo.

5. Lo que queremos preservar y desarrollar es nuestra familia como un frente unido. Tenemos que discutir nuestras diferencias familiares de forma privada. La sociedad dice, "¡Se honesto! Sea dolorosamente sincero si es necesario." Mas 1 Corintios 13 nos enseña que el amor es mas grande que el conocimiento. La verdad es un tesoro, no un arma. Nosotros nunca tratamos de conspirar con la ayuda de otra persona en contra de un tercero. Si no podemos defender la posición de nuestra pareja normalmente nos mantenemos al margen de la discusión a menos que nuestro cónyuge nos pida asesoramiento. Si tenemos que hablar intentamos de manera suave dar los puntos a corregir y si nuestro cónyuge los rechaza, ante la calentura de la discusión damos un paso atrás. Todos los ministros que llevamos tiempo en el ministerio hemos aprendido que no tenemos que corregir todo el mundo todo el tiempo. Podemos llegar a ser como una versión espiritual de esas personas increíblemente molestosas que van por ahí buscando corregir el habla de todos. Dios no hace esto con nosotros. ¿Por qué debemos de hacerlo a otros? La verdad no es un arma con la que golpear a los demás para someterlos, es un tesoro para compartir, es una perla para mostrar en los lugares apropiados.

6. Finalmente, cuando tenemos nuestra propia casa junta, tenemos que asegurarnos de que nuestra iglesia esté en orden también. Debemos asegurarnos que en nuestra iglesia se aliente el ministerio compartido.

La unidad de la familia, como nos hemos dado cuenta, es un microcosmo de la familia de Cristo. Mientras que todos nosotros nos esforzamos por lograr la eficacia dentro de nuestro ministerio, debemos recordar que hemos sido creados a imagen de Dios. Toma tanto hombre como mujer para expresar esa imagen, como la mayoría de problemas tocan no solo a individuos sino a aquellos con quienes tenemos contacto, un enfoque compartido del hombre y la mujer cristiano/a va a permitir cubrir la amplia gama de personalidad(es) involucradas en cualquier nivel. Teniendo tanto el punto de vista sobre un problema del hombre como la mujer, permite examinarlo desde todos los ángulos. Hay perspectivas donde solo un sexo o el otro basta. En cuanto a las parejas del clero, por ejemplo, la cantidad de malos consejos que los pastores dan al otro sexo, e incluso al suyo sobre el sexo opuesto, puede ser anulada o por lo menos desviado si un socio ordenado estuviese sentado a su lado listo para intervenir en caso que se rinda un consejo ignorante.

Los pastores de cada sexo, también, pueden ser llamados para un problema especializado. No siempre, pero hay ocasiones en que solamente una persona del mismo sexo o edad o trasfondo puede realmente entender mejor los problemas de la persona.

El ministerio, sin embargo, no es el único territorio de los ordenados, si nuestra reclamación protestante en la reformación ha recapturado algo de la iglesia primitiva. Y por la misma razón no es el único territorio del matrimonio. Aquellos que son laicos cristianos están llamados por completo al ministerio del servicio. Aquellos que están solteros tienen un poder para ministrar y servir de manera entera, como el caso que Pablo enseña, a menudo sino de manera frecuente, supera el caso de los casados. Finalmente, no es el único territorio de nosotros los hombres. Lo que nos roba de esta realización es el viejo prejuicio que aquellos que son diferentes a nosotros son inferiores. Una tragedia que se ve aún hoy en día entre los estudiantes del tercer año del seminario donde los hombres buscan casarse para que las iglesias no los vean como inferiores por estar solteros. Si esto ha sido siempre el caso y recién nos hemos percatado, tal vez esta sea la explicación del por que algunos matrimonios religiosos se están rompiendo en esta época más tolerante. Están construidas no sobre la roca de una relación firme, sino en la arena de la ansiedad por el trabajo. Nosotros que hemos sido liberados por Cristo tenemos libertad para abandonar este triste terreno. En particular, la iglesia del Espíritu Santo no ha ido por el camino deísmo y no nos a dejado sin el soporte de Dios o mujeres con algún tipo de carga del hombre blanco. ¿Por qué debemos, entonces, de manera arrogante, asumir una? Esto es el fanatismo y la blasfemia. En su lugar, porque no debemos aprovechar al máximo los dones suplementarios que Dios nos otorga mientras ministramos de dos en dos del modo como se hace en el Nuevo Testamento, o quizás, mejor aun, en plena comunidad. Cuando yo ministré en Filadelfia descubrí la ventaja de la asociación con una mujer mayor en madurez e insistí en ese arreglo de asociación cuando ministré de nuevo en Newark. Dos hombres jóvenes blancos se acercan a una vivienda en la ciudad parecen sospechosos como si fuesen cobradores de impuestos, dos con mahones azules que parecen abandonados. Un adulto con su niño parecen Testigos de Jehová. Sin embargo, un hombre adulto joven y una mujer madura (o viceversa) trascienden las categorías. En realidad, no hay nada como la participación de cristianos maduros para enriquecer una empresa.

Estamos llamados a ministrar. El Dios plural pero único nos ha construido de tal forma y el Nuevo Testamento nos ha enseñado que lo hacemos mejor de dos en dos. Seamos solteros o casados, laicos o ministros ordenados, ¿Por qué no tomamos provecho de toda nuestra pluralidad al tratar de servir plenamente a aquellos quienes hemos sido llamados a servir, evangelizar, aconsejar, alimentar y dar refugio? Nuestra meta en todo esto sigue siendo el objetivo del Edén: cultivar y disfrutar de la tierra, así como cuidar de sus habitantes como Dios ordenó, con la esperanza del cielo como su último fin.

CONCLUSIÓN

Si los hombres vamos a asumir nuestra responsabilidad dada por Dios para permitir que nuestras esposas alcancen todo su esplendor con los dones que Dios les ha dado, ya que nos ayudarán a alcanzar los nuestros, debemos esforzarnos por darles el tiempo, el estímulo, y la oportunidad de descubrir y ejercitar sus dones. Si hemos de tomar nuestra responsabilidad para con nuestra familia en serio, tenemos que tomar nuestro hogar, nuestras esposas, nuestros hijos y por momentos nuestra familia extendida, al igual que nosotros, y volverlo nuestra prioridad y motivo de nuestras preocupaciones y acciones.

El ministerio, si se realiza de manera correcta, debe fluir de nuestras relaciones. El evangelismo y trabajo social debe ser hecho por nosotros, nuestros cónyuges y nuestros hijos, de manera conjunta. Sólo se debe hacer de manera separada cuando es absolutamente necesario. En cualquier caso, cada acción debe entenderse como un flujo que sale de toda la familia.

Deberes necesarios del hogar deben ser divididos de acuerdo a un horario. Después de todo, ¿cuántos hombres cuyas esposas tienen problemas del corazón pasan la aspiradora? En esencia, todos aquellos que son buenos esposos y no pueden contratar ayuda profesional doméstica. Naturalmente pocas personas, si alguno, disfrutan de una vida entera de trabajo pesado día tras día, por lo tanto los deberes deben ser divididos en un horario entre ambos cónyuges y los hijos. Todos los profesionales necesitan de buenos asistentes, incluso amas de casa profesionales.

Después de todo, hacer que la casa funcione es de beneficio para todos, así que es la responsabilidad de todos. Idealmente, la tarea doméstica que más se adapte a los dones reconocidos de una persona deben ser asignados y la monotonía pura debe caer a todos por igual.

Cada acto que decidimos hacer u omitir se ve determinado por nuestras prioridades en la vida. Después de un taller se me pidió compartir sobre el reparto de responsabilidades, un ejecutivo alto, iracundo joven se acercó con su mujer, "Todo eso es bueno si te dedicas a enseñar, pero en el mundo del negocio no puedes hacer ese tipo de cosas. Me encantaría hacerlo pero . . ." Su esposa comentó que él, como bien había dicho, no estaba en casa antes de las 7:00 p.m. cada noche.

"¿Cuánto necesitas mensual para vivir?" le pregunté. "¿Has considerado compartir tu trabajo?" ¿Estaba bromeando? En su línea de trabajo, el cual era de computadoras, eso era mal visto. Si, él era en cada aspecto un joven, probable a ascender en el futuro a una oficina presidencial corporativa y lo tenía presente como su cielo al que aspiraba llegar.

"Todo eso suena bien, pero . . ." continuaba diciendo mientras desviaba mis sugerencias.

Finalmente me aventuré en preguntar, "Cuéntame algo, si pudiéramos imaginar un trabajo perfecto en el que trabajaras solo cuatro horas al día, ¿lo harías?" Hizo una pausa.

"¡No!" grito su esposa de repente, ambos saltamos mientras el primer rubor rosado amaneció en su rostro.

"¡No lo harías!" ella gritó. El marido se puso rojo y tartamudeaba. "Tu odias estar en casa con el bebé," ella insistió.

"No, no es así."

"Si, si es así. Aquel sábado no podías esperar hasta irte."

"Bueno," le dije, "yo estaba a punto de contarles acerca de un amigo mío en Kentucky que tiene tres hijos y está comprando su propia casa. Él trabaja cuatro horas al día en su hogar dibujando las notas musicales para la reproducción en máquinas, pero supongo que eso es irrelevante porque no es el verdadero asunto para ti, ¿o lo es? La prioridad es."

¿Al final, cuál es el propósito supremo de la vida? Para estar de acuerdo con el Catecismo Shorter del Westminister en sus casos específicos de género, ¿Cuál es el propósito supremo de los hombres? El servir a Dios. El cumplir con nuestro contrato de matrimonio, que hicimos delante de Dios. El amar y permitir que nuestras esposas sean fuertes líderes cristianas en el ejército de Dios. El educar a nuestros hijos a ser firmes fieles guerreros bajo el reinado de Dios. El mostrarle a los demás con palabras y hechos las cosas buenas de Dios y atraerlos a seguir nuestro ejemplo de éxito triunfal en las relaciones.

Si la imagen bíblica es cierta, si las mujeres expresan la mitad de la imagen de Dios, si son, en verdad, un regalo de Dios, si son, por tanto, llamadas por Dios al servicio, entonces mutuamente nos complementamos. Juntos nuestra carne se convierte en un solo respiro y ministerio ante los ojos de Dios. "Porque nadie odia su propio cuerpo," Pablo escribió en Efesios 5:29. Para los casados, la auto-nutrición es igual a conyu-nutrición, al igual que los solteros caminan en las huellas de Pablo y María y Marta, nosotros los casados tenemos que reflejar a Pedro y su esposa, o Prisca y Aquila. Todos juntos reflejamos en comunidad la imagen de nuestro Dios grande.

Una familia dividida no se puede mantener, dijo nuestro Salvador (Mc 3:25). Si Cristo nos ha salvado de la maldición, ¿Por qué entonces debemos dividirnos y volver a caer bajo ella?

Bibliografía

Referencias Originales

Alden, Raymond M., ed. *Readings in English Prose of the Nineteenth Century.* New York: Houghton Mifflin, 1917.
Bauer, Walter. *A Greek-English Lexicon of the New Testament and Other Early Christian Literature,* trans. W. F. Arndt and F. W. Gingrich. Chicago: University of Chicago, 1957.
Blass, F., and A. De Brunner. *A Greek Grammer of the New Testament and Other Early Christian Literature.* Oxford: Clarendon, 1907.
Boeckhius, Augustus, ed. *Corpus Inscriptionum Graecarum.* 4 vols. Berolini: Academica, 1828.
Brown, Francis, S. R. Driver and Charles A. Briggs. *A Hebrew and English Lexicon of the Old Testament,* trans. Edward Robinson. Oxford: Clarendon, 1907.
Butler, H. E., trans. *The Institutio Oratoria of Quintilian.* 4 vols. Loeb Classical Library. Cambridge: Harvard University, 1921.
Charles, R. H., ed. *The Apocrypha and Pseudepigrapha of the Old Testament in English.* 2 vols. Oxford: Clarendon, 1913.
Cohen, A., trans. *The Minor Tractates of the Talmud.* 2 vols. London: Soncino, 1965.
Colson, F. H., and J. W. Earp, trans. *Philo.* Loeb Classical Library. Cambridge: Harvard University, 1929, 1962.
Danby, Herbert, trans. *The Mishnah.* Oxford: Oxford University, 1933.
Dupont-Sommer, A. *The Essene Writings from Qumran,* trans. G. Vermes. 2d ed. Gloucester: Peter Smith, 1973.
Epstein, I., ed. *The Babylonian Talmud.* 35 vols. London: Soncino, 1948.
Feldman, Louis H., and H. St. J. Thackeray, trans. *Josephus.* Loeb Classical Library. 10 vols. Cambridge: Harvard University, 1926–7, 1934.
Freedman, H., and M. Simon, eds., trans. *Midrash Kabbah.* 5 vols. London: Soncino, 1939.
Hatch, Edwin, and Henry A. Redpath. *A Concordance to the Septuagint.* 3 vols. Oxford: Clarendon, 1897.
Kilburn, K., trans. *Lucian.* 8 vols. Loeb Classical Library. Cambridge: Harvard University, 1959.
Lake, Kirsopp, trans. *The Apostolic Fathers.* 2 vols. Loeb Classical Library. Cambridge: Harvard University, 1912.

LeSaint, William P., trans. *Tertullian: Treatises on Marriage and Remarriage.* Ancient Christian Writers. Westminster: Newman, 1956.
Liddell, Henry George, and Robert Scott. *A Greek-English Lexicon*, eds. Henry S. Jones and Roderick McKenzie. 9th ed. Oxford: Clarendon, 1968.
Milne, J. P., ed. *Patrologia Graeca.* 161 vols. Paris: 1857–66.
Moulton, James Hope, and George Milligan. *The Vocabulary of the Greek Testament: Illustrated from the Papyri and other Non-Literary Sources.* Grand Rapids: Eerdmans, 1930.
Radice, Betty, trans. *Pliny: Letters & Panegyricus.* Loeb Classical Library. 2 vols. Cambridge: Harvard University, 1926–7, 1934.
Roberts, Alexander, and James Donaldson, eds. *The Ante-Nicene Fathers.* 10 vols. Grand Rapids: Eerdmans, 1885.
Robertson, A.T. *A Grammar of the Greek New Testament in the Light of Historical Research.* Nashville: Broadman, 1934.
Schaff, Philip, and Henry Wace, eds. *A Select Library of the Nicene and Post-Nicene Fathers of the Christian Church.* 14 vols. Grand Rapids: Eerdmans, 1892.
The Septuagint Version of the Old Testament and Apocrypha. London: Samuel Bagster, [n.d.].
Smith, Joseph P. *St Irenaeus: Proof of the Apostolic Preaching.* Ancient Christian Writers. Westminster: Newman, 1952.
Thayer, Joseph Henry. *Thayer's Greek-English Lexicon of the New Testament.* 2d ed. Marshallton: National Foundation for Christian Education, 1889.

Referencias Secundarias

Aaseng, Rolf E. "Male and Female Created He Them." *Christianity Today* (Nov. 20, 1970): 5–6.
Banks, Robert J. *Paul's Idea of Community: The Early House Churches in Their Historical Setting.* Grand Rapids: Eerdmans, 1980.
Bloesch, Donald G. *Is the Bible Sexist? Beyond Feminism and Patriarchalism.* Westchester: Crossway, 1982.
Brooke, A. E. *A Critical and Exegetical Commentary on the Johannine Epistles.* The International Critical Commentary. Edinburgh: T. & T. Clark, 1912.
Buck, Pearl S. *The Exile.* New York: Reynal & Hitchcock, 1936.
Cohen, A. *Everyman's Talmud.* New York: E. P. Dutton, 1949.
Drazin, Nathan. *History of Jewish Education from 515 B.C.E. to 220 C. E. (During the Periods of the Second Commonwealth and the Tannaim).* Baltimore: Johns Hopkins, 1940.
Elliot, Elisabeth. "Called to Be Liberated Women." *The Christian Reader* (November/December, 1975): 42–51.
Ellis, E. Earle. "Paul and His Coworkers." *New Testament Studies* 17 (July, 1971): 437–52.
Evans, Mary J. *Woman in the Bible: An Overview of All the Crucial Passages on Women's Roles.* Downers Grove: InterVarsity, 1983.
Foh, Susan. "What Is the Woman's Desire?" *Westminster Theological Journal* 37 (Spring, 1975): 376–83.
Forbes, Rosita. *These Men I Knew.* New York: E.P. Dutton, 1940.

Freedman, R. David. "Woman, A Power Equal to Man: Translation of Woman as a 'Fit Helpmate' for Man Is Questioned." *Biblical Archaeology Review* 9 (January/ February, 1983): 56-8.
Gordon, A. J. "The Ministry of Women." *Missionary Review of the World,* 7 (December, 1894): 910-21. Reprinted in *Theology, News and Notes* (June, 1975): 5-8.
Gray, G. B. *A Critical and Exegetical Commentary on The Book of Isaiah.* 2 vols. The International Critical Commentary. Edinburgh: T. & T. Clark, 1912.
Groves, Richard. "Conservatives Dominate Southern Baptist Meeting." *The Christian Century* (July 18-25, 1984): 701-03.
Gundry, Patricia. *Woman Be Free! Free to Be God's Woman.* Grand Rapids: Zondervan, 1977.
Hefele, Charles Joseph. *A History of the Councils of the Church, from the Original Documents,* trans., ed. Henry Nutcombe Oxenhan. 4 vols. Edinburgh: T. & T. Clark, 1876.
Hooper, Walter, ed. *God in the Dock: Essays on Theology and Ethics.* Grand Rapids: Eerdmans, 1970.
Howe, E. Margaret. *Women and Church Leadership.* Contemporary Evangelical Perspectives. Grand Rapids: Zondervan, 1982.
Hurley, James B. *Man and Woman in Biblical Perspective.* Contemporary Evangelical Perspectives. Grand Rapids: Zondervan, 1981.
Jeremias, Joachim. *Jerusalem in the Time of Jesus: An Investigation into Economic and Social Conditions During the New Testament Period,* trans. F. H. and C. H. Cave. 3d ed. Philadelphia: Fortress, 1969.
Kemelman, Harry. *Thursday the Rabbi Walked Out.* New York: Fawcett/Crest, 1978.
Kroeger, Catherine C. "Ancient Heresies and a Strange Greek Verb." *The Reformed Journal* 29 (March, 1979): 12-15.
―――. and Richard Kroeger. *I Suffer Not a Woman: Rethinking 1 Timothy 2:11-15 in Light of Ancient Evidence.* Grand Rapids: Baker, 1992.
―――. "May Women Teach? Heresy in the Pastoral Epistles." *The Reformed Journal* 30 (October, 1980): 14-18.
Lacks, Roslyn. *Women and Judaism: Myth, History, and Struggle.* Garden City: Doubleday, 1980.
Leonard, Bill J. "Forgiving Eve." *The Christian Century* (Nov. 7, 1984): 1038-40.
Lewis, Clive Staples. *God in the Dock: Essays on Theology and Ethics,* ed. Walter Hooper. Grand Rapids: Eerdmans, 1970.
Lock, Walter. *A Critical and Exegetical Commentary on The Pastoral Epistles.* The International Critical Commentary. Edinburgh: T. & T. Clark, 1924.
MacDonald, George. *The Princess and Curdie.* New York: E.P. Dutton, 1949.
McKenna, Mary Lawrence. *Women of the Church: Role and Renewal.* New York: P. J. Kenedy, 1967.
Madsen, Paul O., ed. *Leaven: An Interpretative Volume Originating in the American Baptist Convocation on the Mission of the Church..* Valley Forge: American Baptist Home Mission Societies, 1962.
Mattingly, Harold. *The Man in the Roman Street.* New York: W. W. Norton, 1966.
Meeks, Wayne A. "The Image of the Androgyne: Some Uses of a Symbol in Earliest Christianity." *History of Religions* 13 (February, 1974): 165-208.
Mollenkott, Virginia Ramey. *The Divine Feminine: The Biblical Imagery of God as Female.* New York: Crossroad, 1983.

———. *Women, Men, and the Bible*. Nashville: Abingdon, 1977.
Moo, Douglas J. "1 Timothy 2:11–15: Meaning and Significance." *Trinity Journal* 1 (Spring, 1980): 62–83.
Morris, Joan. *The Lady Was a Bishop: The Hidden History of Women with Clerical Ordination and the Jurisdiction of Bishops*. New York: Macmillan, 1973.
Osman, Karen. "PMS Versus the Curse." *Daughters of Sarah*. (May/June, 1985): 16–17.
Patterson, Ronald P., ed. *The Book of Discipline of the United Methodist Church 1980*. Nashville: United Methodist Publishing, 1980.
Plaskow, Judith. *Sex, Sin, and Grace: Women's Experience and the Theologies of Reinhold Niebuhr and Paul Tillich*. New York: University Press of America, 1980.
Safrai, S., and M. Stern, eds. *The Jewish People in the First Century: Historical Geography, Political History, Social, Cultural and Religious Life and Institutions*. Compendia Rerum Iudaicarum ad Novum Testamentum, Section 1. Philadelphia: Fortress, 1974.
Sanday, William, and Arthur C. Headlam. *A Critical and Exegetical Commentary on The Epistle to the Romans*. The International Critical Commentary. 5th ed. Edinburgh: T. & T. Clark, 1902.
Scanzoni, Letha, and Nancy Hardesty. *All We're Meant to Be: A Biblical Approach to Women's Liberation*. Waco: Word, 1974.
Scholer, David. "Women's Adornment: Some Historical and Hermeneutical Observations on the New Testament Passages." *Daughters of Sarah* 6 (January/February, 1980): 3–6.
Shideler, Mary McDermott. *The Theology of Romantic Love: A Study in the Writings of Charles Williams*. Grand Rapids: Eerdmans, 1962.
Skinner, John. *A Critical and Exegetical Commentary on Genesis*. The International Critical Commentary. 2d ed. Edinburgh: T. & T. Clark, 1930.
Spencer, Aída Besançon. "Eve at Ephesus: Should Women Be Ordained as Pastors according to The First Letter to Timothy?" *Journal of the Evangelical Theological Society* 17 (Fall, 1974): 215–22.
———. "'El Hogar' as Ministry Team: Stephana(s)'s Household." Pages 69–77 in *Hispanic Christian Thought at the Dawn of the 21st Century*. Edited by Alvin Padilla, Roberto Goizueta, and Eldin Villafañe. Nashville: Abingdon, 2005.
———. "Jesus' Treatment of Women in the Gospels." Pages 126–41 in *Discovering Biblical Equality: Complementarity without Hierarchy*. Edited by Ronald W. Pierce and Rebecca Merrill Groothuis. 2d ed. Downers Grove: InterVarsity, 2005.
———. *Paul's Literary Style: A Stylistic and Historical Comparison of II Corinthians 11:16–12:13, Romans 8:9–39, and Philippians 3:2–4:13*. Lanham: University Press of America, 1984.
———, Donna F. G. Hailson, Catherine Clark Kroeger, and William David Spencer. *The Goddess Revival: A Biblical Response to God(dess) Spirituality*. House of Prisca & Aquila Series. Eugene: Wipf & Stock, 1995.
———, and William David Spencer, eds. *The Global God: Multicultural Evangelical Views of God.*. Grand Rapids: Baker, 1998.
———, William David Spencer, and Mimi Haddad. *Global Voices on Biblical Equality: Women and Men Serving together in the Church*. House of Prisca & Aquila Series. Eugene: Wipf & Stock, 2008.
———, William David Spencer, Steven R. Tracy, and Celestia G. Tracy. *Marriage at the Crossroads: Couples in Conversation About Discipleship, Gender Roles, Decision Making and Intimacy*. Downers Grove: InterVarsity, 2009.

Spencer, William David. *Dread Jesus*. London: SPCK, 1999.

———. "A Gift of Sight: A Christmas Fable." *Daughters of Sarah* 2 (November, 1976): 8–9.

———, and Aida Besançon Spencer. "Equal Parenting: One Couple's Practical Aproach to Developing a New Paradigm." ECW *Update* 7 (March-May, 1983): 1, 6–7.

———, and Aida Besançon Spencer. "In Defense of the First Church of Tootsie." *The Wittenburg Door* (April/May, 1983): 26–7.

Spock, Benjamin. *Baby and Child Care*. 2d ed. New York: Pocket Books, 1968.

Stagg, Evelyn, and Frank Stagg. *Woman in the World of Jesus*. Philadelphia: Westminster, 1978.

Stendahl, Krister. *The Bible and the Role of Women: A Case Study in Hermeneutics*, trans. Emilie T. Sander. Biblical Series, No. 15. Philadelphia: Fortress, 1966.

Swidler, Leonard. *Biblical Affirmations of Woman*. Philadelphia: Westminster, 1979.

———. *Women in Judaism: The Status of Women in Formative Judaism*. Metuchen: Scarecrow, 1976.

———, and Arlene Swidler. *Women Priests: A Catholic Commentary on the Vatican Declaration*. New York: Paulist, 1977.

Tetlow, Elizabeth M. *Women and Ministry in the New Testament: Called to Serve*. Lanham: University Press of America, 1980.

Tucker, Ruth. *From Jerusalem to Irian Jaya: A Biographical History of Christian Missions*. Grand Rapids: Zondervan, 1983.

Índice de Escritura

GÉNESIS

1:2	102
1:26–27	8–10, 130
2:5–6	14, 18
2:8–10	18, 20
2:15–17	14, 17
2:18–20	11, 14
2:22	37, 83
2:23–24	15
3:3–5	20, 72
3:13–19	22–24, 26, 28, 73
3:21–24	21, 27
4:7	23
5:1–2	9
6:6	21
16:4	107
17:15	28
18:9–10	28
30:36	66
35:16–20	73, 79

ÉXODO

13:9	33
14:14	60
18:4	14
19:4	101
25:8	29
34:6	98

LEVÍTICO

16:6	37
19:2	84
19:29	84

NÚMEROS

5:18	84
11:12–14	104
11:16	31
27:8–9	52
27:18	78

DEUTERONOMIO

6:21	98
11:19	67
21:23	27
22:5	84
23:17	84
31:12	34, 44
32:10–14	102

JOSUÉ

8:35	34

JUECES

2:16	83
2:18	83

4:4	83	11:12	62
4:6	83	15:15	59
4:14	83	17:2	52
5:7	83	17:27–28	62
5:31	83	18:18	128
		31:10–31	139

RUT

2:12	102

ECLESIASTÉS

3:13	28

2 SAMUEL

7:14	54

ISAÍAS

24:2	107
30:5	14
31:4	103
40:25	98
42:14–16	100
43:4	83
45:9–10	100
46:3–4	100
46:9	98
47:5	106
47:7	106
49:15	100
51:2	28
66:7–9	100
66:2	59
66:13	101

1 REYES

11:19	107
15:13	107

JOB

39:27	102
42:13–14	53

SALMOS

2:7	54, 83
17:8–9	102
22:9	100
71:6	100
119	60
121:1–2	14
123:1–2	106
127:3	130
128:3–4	131
131:2	100

JEREMÍAS

13:18	107
35	130

LAMENTACIONES

3:10–11	104

PROVERBIOS

1:7–9	129–30
3:13–14	20
3:19–20	20
4:23	2
5:18–19	145
8:10–11	85, 107

EZEQUIEL

3:16–21	145

Índice de Escritura

OSEAS

11:3-4	101
11:9-10	98, 103
13:8	104

JOEL

2:28	83

AMÓS

3:8	126

JONÁS

3:10	21

MIQUEAS

6:4	82

SAN MATEO

1:20	83
4:21	79
5:28	45
5:39	45
7:12	130
8:20	83
9:35-37	108, 113
14:8	83
15:21-28	31
15:41	39
20:25	69
21:42	83
22:12	58
23:37-38	103
25:40	120
27:51	30
28:7-10	46, 80
28:19	32

SAN MARCOS

3:25	152
5:25-34	31
7:25-30	31
10:16	77
16:7	80

SAN LUCAS

1:3	86
1:48	111
2:36	83
2:42-49	29
2:52	82
4:20-21	42
5:39	1
6:13	80
7:12-13	45
7:36-50	31
8:1-3	39
8:45	45
10:1-2	108
10:38-42	41-45, 54
11:27-28	44
12:51-53	45
13:10-16	45
14:4-6	59
14:26	45
15:8-9	106
19:11-27	79
19:41	131
23:27-31	45
23:56	60
24:10-11	46, 80
24:22-24	46, 80
24:34	46

SAN JUAN

1:12	26
1:14	83
2:19	29
3:5-8	100
3:20-21	27
4:1	88
5:25-29	83

7:15	57	10:9-10	26
11:35	131	12:8	94
12:3-7	46	15:8-9	31
14:12	142	16:1-7	80, 82, 90, 93
17:11-23	26	16:21	78
20:11-18	46		
21:9-14	131		

1 CORINTIOS

1:11	90
1:14-17	86

HECHOS

1:21-22	80
1:26	128
2:47	82
6:1-6	78, 91
6:8	96
8:12	86
8:19	78
9:36-42	92
11:1-4	50, 86
11:18	59
11:26-28	82
12:12	90
13:2	78
13:33	54
14:19	50
15:32	82
16:14-15	50, 90
16:40	90
17:16	50
18:18	83, 86
18:26	86
19:13	x
19:16	69
20:29-30	63
21:8-12	82-83, 86
21:14	59
21:40—22:2	59
22:3	42
28:23	86

3:1-2	105
3:5-16	29, 145
6:16	5
9:1	80
10:1-13	26, 71
11:2-3	83
11:5	56, 83
11:7-12	5, 68, 73, 83, 90
11:18	5
12:7-33	27, 44, 77, 85
13	148
14:3-34	82-85
15:5-8	46, 80
15:24	68
15:40-41	83
15:45	5
15:54-55	26
16:15-19	90, 95-96

2 CORINTIOS

10:17-18	146
11:3	71

GÁLATAS

1:17	50
2:11-16	50
3:13	27
3:16	73
3:24-29	48-54, 73, 75
4:1	88
4:4-5	53, 73
4:19	105

ROMANOS

5:12	6
8:22	27

EFESIOS

4:22–31	70
1:22–23	83
3:7–9	92
4:11–16	79, 92, 96, 101
5:31	6
6:5, 9	88
6:21	92

FILIPENSES

2:20	44
4:2–3	96

COLOSENSES

1:7	83, 92
1:18	83
1:23	92
1:25	92
1:28	72
2:19	83
4:7	92
4:15	90

1 TESALONICENSES

2:5–8	105
2:11	104
3:2	96
3:12	58
4:11	58
5:2–3	105
5:12–13	94, 96

2 TESALONICENSES

3:12	58

1 TIMOTEO

1:1–4	55, 63–64
1:6–10	64–65, 72
1:13	66
1:15–16	71
1:20	65
2:1–10	55–56, 58, 65, 84
2:11–15	2, 5, 21–22, 54–75, 84, 117
3:1–8	56, 63, 74, 86, 94, 130
3:12	63–64
3:15	63–64
4:1–7	64–65, 92
4:14	78
4:16–17	64
5:5–10	65, 92
5:13–15	63, 65
5:17–22	78, 94
6:3–10	65
6:15	88
6:20–21	64–65

2 TIMOTEO

1:6	78
3:5–8	65
4:2–3	65
4:5	78, 86
4:11	96

TITO

1:1–9	63, 86
1:13–14	58
2:3–4	63, 86

FILEMÓN

1–2	90
13	90
23–24	90

HEBREOS

1:5	54
5:5	54
5:12–14	67

SANTIAGO

1:19	62
2:19-20	51

1 SAN PEDRO

2:5-10	31
2:15	58
2:24	27
3:4	60
4:10-11	91
5:1-4	69, 87

2 SAN JUAN

1	88-90
4-13	89-90

3 SAN JUAN

1	90
9	90

APOCALIPSIS

17:14	89
19:6	113

Índice de sujetos

Adán, 4–28, 37, 52, 69–72, 79, 109, 124, 133. *Vea también* Eva
águila, 101–3
Agustín, 7
Akiba, Rabí, 60
ama/o de la casa. *Vea* manejo de la casa
Ana, 83, 97
analogía, 70–71, 74, 99, 104, 110
anciano/a, 12, 31, 42, 63–64, 69, 78, 83, 86–87, 89–90, 92, 94, 97, 104, 107, 119
apóstoles, 77, 79–82, 87, 91–92, 96–97, 110, 125, 142
árbol, 17–19, 71, 107
authentein, 20, 22, 24, 26–27, 68–69. *Vea también* mando
autoridad, 3–5, 8, 10, 16, 23, 25, 32, 49–50, 68–69, 72, 75–80, 82, 84, 87–90, 93, 95–97, 109–10
ayuda idónea, 6, 8, 10–15, 125, 140
ayudante*('ezer)*, 13–14
Azariah, Eleazar ben, 35, 53
barrera, 30–32, 34, 46, 49
bema, 47
Beruria, 32, 40
Biblia, interpretación, ix, xi, 1–4, 7, 12–13, 18, 52, 54, 62, 68, 78–79, 83, 88–89, 92, 97, 107, 111, 123, 130
Brooke, A. E., 88
Brown, Dee, 122
Brown, Francis, 12
Buck, Pearl, 139
cabello, 38–39, 70, 83
cabeza, 4, 22, 33, 83, 87–88, 90, 93, 114, 128–29, 145
caída, 3, 6–27, 109, 111
Cesár, 94
Chesterton, G. K., 114
Christians for Biblical Equality, 120
Clemente, de Alejandría, 63, 81, 89, 95, 125
colaborador/a, 64, 78, 92, 95–96, 110, 117–18
compañero/a de trabajo. *Vea* colaborador/a
Corintios, 26, 29, 44, 70–71, 76, 84, 105
Cornelio, 79
crianza, 105, 123, 129–30, 132, 134–41
Crisóstomo, 46–47, 108
David, 11, 54, 94–95, 100, 102, 130
Débora, 82–83, 97, 111, 139
Dequincy, Thomas, 29
Didache, 46, 62
Dios, educador de niños, 101–3; director del hogar, 105–6; guardián, 103–4; imagen de, 3, 8–10, 16, 18, 25, 72, 99, 109, 111, 149, 179; madre, 99–107, 111, 118, 130; no es hombre, 98; hombre, 117–18, 130; soberano,

106-7; uno, 9, 26, 141. Vea también gobierno
Dorcas, 91, 139
Eclesiástico, 37-8
educación, rabbinica, 33, 35, 41-42, 44-45, 63, 69. Vea también mujer
Efeso, herejía, 63-66
Elegida, Doña, 87-90, 97, 111
Eliezer, Hyrcanus ben, 32, 36-37, 40, 94
Elliot, Elisabeth, 6-7
Ellis, E. Earle, 92, 96
Endo, Shusaku, 119
Escenas, 38, 61
esclavo/a, 23, 28, 33, 35, 38, 40-41, 48-49, 51-53, 56, 75, 88, 93, 102, 106-7, 124, 131
Estéfana, 87, 90, 95-97
Eva, 4-5, 7-9, 12-28, 37, 69-74, 79, 109-10, 124. Vea también Adán
Evangelical Theological Society, xi, 54, 115, 126
Evangelical Women's Caucus, xi, 120
evangelista, 46, 64, 78-79, 86-87, 92, 95-96, 126, 146
Evans, Mary J., 112
Evodia, y Síntique, 56, 87, 95-97
Febe, 87, 91-93, 95, 97, 111
feminidad, 16, 105, 111, 131
fiestas, 33, 49
filacteria, 33, 51
Filo, 21, 30, 33, 35-36, 38, 53, 61-62, 66, 68-69, 87
Foh, Susan T., 23
Freedman, R. David, 14
Friedan, Betty, 120
Gayo, 53, 61, 90
Gamaliel, Rabí, 32, 42, 60
gobierno, 15, 23, 35, 91, 93, 142
Gundry, Patricia, 84, 112
Hanina, Rabí, 34
heredero/a, 28, 52-54, 75, 110
hermanos, 96
Hisda, Rabí, 36-37, 70

Hiyya, Rabí, 34
homoios, 13
Howe, E. Margaret, 47, 112
Huldah, 82, 97, 111
humor, 40, 143-44
Hurley, James, 92
Hyrcanus. Vea Eliezer
iglesia, ix, xii, 3-4, 13, 16, 26, 31, 42, 47, 51, 62-64, 66, 72, 76-79, 82-83, 85-94, 96-97, 101, 107-8, 110-15, 119, 121, 123-26, 130, 136, 139-40, 142, 144, 149-150
Ignatius, 62, 73
imagen, 15, 52, 54, 98, 111-12, 119, 138, 140-41. Vea también Dios
Irenaeus, 12, 73
Isaac, Rabí, 61
Jacob, Aha ben, 33
Jerome, 81
Jerusalén, 29-30, 33-34, 42, 50, 59, 63, 68, 83, 91, 100-104
Jesús, cocinaba, 131; compasión, 108; el poder de su nombre, x, 77, 88; Dios, 102; discípulos de, 31, 45, 59, 80, 97, 108; en arte, 119-20; enseñanzas y prácticas sobre mujeres, 3-4, 29-32, 41-46, 49, 54-55, 63, 72, 75, 109-13; humano, 10; ministerio, 30, 142; relación con mujeres, 31, 39, 41-46, 83, 87; redentor, 26-28, 31, 54, 71, 75; silencio, 59-63; usa imagen femenina, 105-6; victoria sobre muerte, 26-27, 29, 45-46, 54, 82, 87
Joezer, Jose ben, 42
Johanan, Jose ben, 39
Josefus, 30, 36, 56, 68, 94
Judá, Rabí, 49, 61
jueza, 83
Junia, 80-82, 97, 111
katakurieuo, 68-9
knegdwo, 11-12
Kroeger, Catherine Clark, 68

Índice de sujetos   167

kurios/ia, 88–89
Lacks, Roslyn, 32
Laribee, Richard, 7–8
ley, 3, 5, 27, 31–32, 34–37, 40–44, 46, 48–49, 51–53, 60–61, 64–65, 72, 74, 84, 110–11, 144
Lewis, C. S., 9, 119
leona. 103–4. Vea también Dios, guardián
Lidia, 87, 90, 97, 111
Lucian, xi
maestro/a, 33, 37, 42, 44, 53, 55, 57, 60, 62, 65, 67–73, 77–79, 85–86, 92, 96–97, 110, 113, 123, 146. Vea también mujer, educación
maldición, 16, 21–28, 40, 107, 109–11, 130, 152. Vea también caída
mando, 3, 12, 16, 22, 67–69, 148
manejo de la casa, 35–36, 105–6, 110, 127, 131–34, 137, 139, 151. Vea también crianza
manos, 45, 55, 68, 77–78
María, madre de Jesús, 33, 45, 73–74, 80, 83, 97, 111
María, profetisa, 82, 97
María, y Marta, 41–45, 54, 152
masculinidad, 16, 111, 131, 137–38
matrimonio, 2–5, 7–8, 16, 25, 27, 58, 65, 125–28, 131, 139–41, 146–49, 152; beena, 15; principios, 125; compartidos, 147, 151–52; tareas, 43–44, 127–28, 140–41
Mattingly, Harold, 51
Meeks, Wayne A., 48
Meir, Rabí, 32–33, 38, 49, 61
Menassia, Simeon ben, 70
mezuzah, 33, 35
ministro/ministerio x, 2–5, 8, 16, 25, 29–31, 44, 49–50, 56, 64, 77–79, 82–83, 85, 87, 89, 91–97, 104–5, 109–12, 115–16, 118, 123–29, 132–33, 136, 139, 141–52
Moisés, 14, 31, 52, 59, 78, 82, 94, 101–2, 104

Mollenkott, Virginia, 112
Moo, Douglas J., 84
Morris, Joan, 89–90
mujer, educación de, 20, 25, 33, 35, 41–45, 51, 57, 63, 69, 105, 110–11
neged, 11–12
obispo, 56, 62, 74, 86–87, 89, 94, 112, 130
oración, 22, 28, 33–34, 40–41, 48–49, 55–56, 65, 69, 78, 92, 104
ordenación, 3, 7, 75, 77–78, 89, 116–17, 124
Origen, 81
osa, 103–4
papel/rol, ix, 2, 6–8, 11, 16, 22–35, 37, 43–44, 63, 90, 99, 115, 122, 126, 131, 135, 137–38
parto, 22, 27–28, 72–74, 99–101, 105
pastor/a, 87
paternidad. Vea crianza
pedagogía, 52–3
Pedro, 46, 50, 58–59, 69, 77, 86–87, 91, 125, 152
Perpetua, 76
Pliny, 93
predicador/a, 55, 82, 92
Priscila, 80–81, 85–87, 90, 95–97, 111, 152
profeta/isa, 46, 77–79, 82–85, 87, 92, 95–97, 102, 110, 130
pronombre, masculino, 95, 102
prostatis, 93–94
prostituta, 84
protevangelium, 22, 73
Recabitas, 130
redención, 4, 22, 26–28, 31, 109. Vea también Jesús
regalo, 130, 143, 145, 152
Rut, 83, 102
sabiduría, 4, 19–21, 25, 33, 36, 60, 62, 72, 85, 107, 109, 129
Salome, Alexandra, 39
Sandy, Edwina, 119

Sara, 27-28, 33, 71, 107
Savitskaya, Svetlana, 123
Scanzoni, Letha, 112
serpiente, 17-18, 20-22, 24-26, 70, 110
Shammai, Rabí, 61
silencio, 40, 55-63, 66, 69, 83-84, 100, 116, 139
símil, 98-99, 106
sirviente. *Vea* ministro
sinecdoque, 8-9, 71, 79, 83, 99
soltero/a, 37, 125, 149-50, 152
Sirach, Jesús ben, 37-38, 58
Skinner, John, 15
Small, Rabí, 36
Spock, Benjamin, 136
Taylor, Kenneth, 92
tarea doméstica. *Vea* manejo de la casa y matrimonio

templo, 29-30, 34, 46-47, 49, 80, 94-95, 106
Teradion, Hananiah ben, 40
Tertullian, 5
Timoteo, 44, 63-64, 71, 78, 86-87, 90, 92, 95-96, 104
Tosefta, 40-41, 48
trabajo, 16-17, 24-25, 28, 36, 42-43, 75, 78, 87, 89, 94, 104-6, 109, 121, 123, 128-29, 132-34, 138-40, 144-47, 150-51. *Vea también* colaborador/a
Trajan, 34, 62, 93
tupos, 71
uno. *Vea* Dios
viuda, 45, 65, 78, 89, 91-92, 121, 130
Walaskay, Maxine, 123
Wodehouse, P. G., 115

Otros Libros Escritos por los Autores

Por Aída Besançon Spencer
La Femme et le Service dans L'Eglise
2 Corinthians: Daily Bible Commentary
Paul's Literary Style: A Stylistic and Historical Comparison of II Corinthians 11:16-12:13, Romans 8:9-39, and Philippians 3:2-4:13

Con William David Spencer y Otros
The Global God: Multicultural Evangelical Views of God
Global Voices on Biblical Equality: Women and Men Serving together in the Church
God through the Looking Glass: Glimpses from the Arts
The Goddess Revival: A Biblical Response to God(dess) Spirituality
Joy Through the Night: Biblical Resources on Suffering
Latino Heritage Bible
Marriage at the Crossroads: Couples in Conversation about Discipleship, Gender Roles, Decision Making, and Intimacy
The Prayer Life of Jesus: Shout of Agony, Revelation of Love, a Commentary
2 Corinthians: Bible Study Commentary

Por William David Spencer
Dread Jesus
Mysterium and Mystery: The Clerical Crime Novel

Por William David Spencer y otros
Chanting Down Babylon: The Rastafari Reader

www.ingramcontent.com/pod-product-compliance
Lightning Source LLC
Chambersburg PA
CBHW050845160426
43192CB00011B/2161